李碧華

歡喜就好

目錄

虛、假、艷、空　46

只會乾死，不會累死 88

不需要太多 130

「至福の眠」

歡喜就好

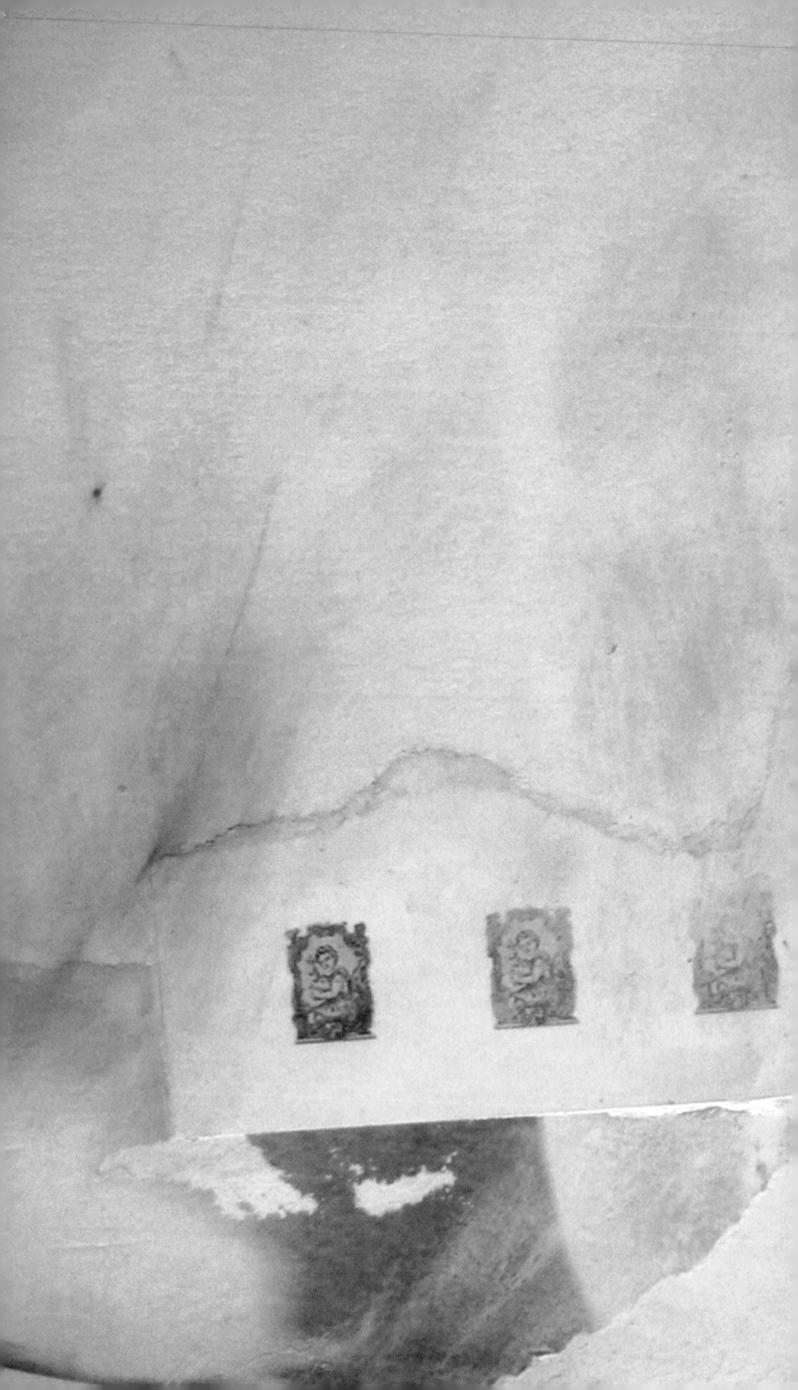

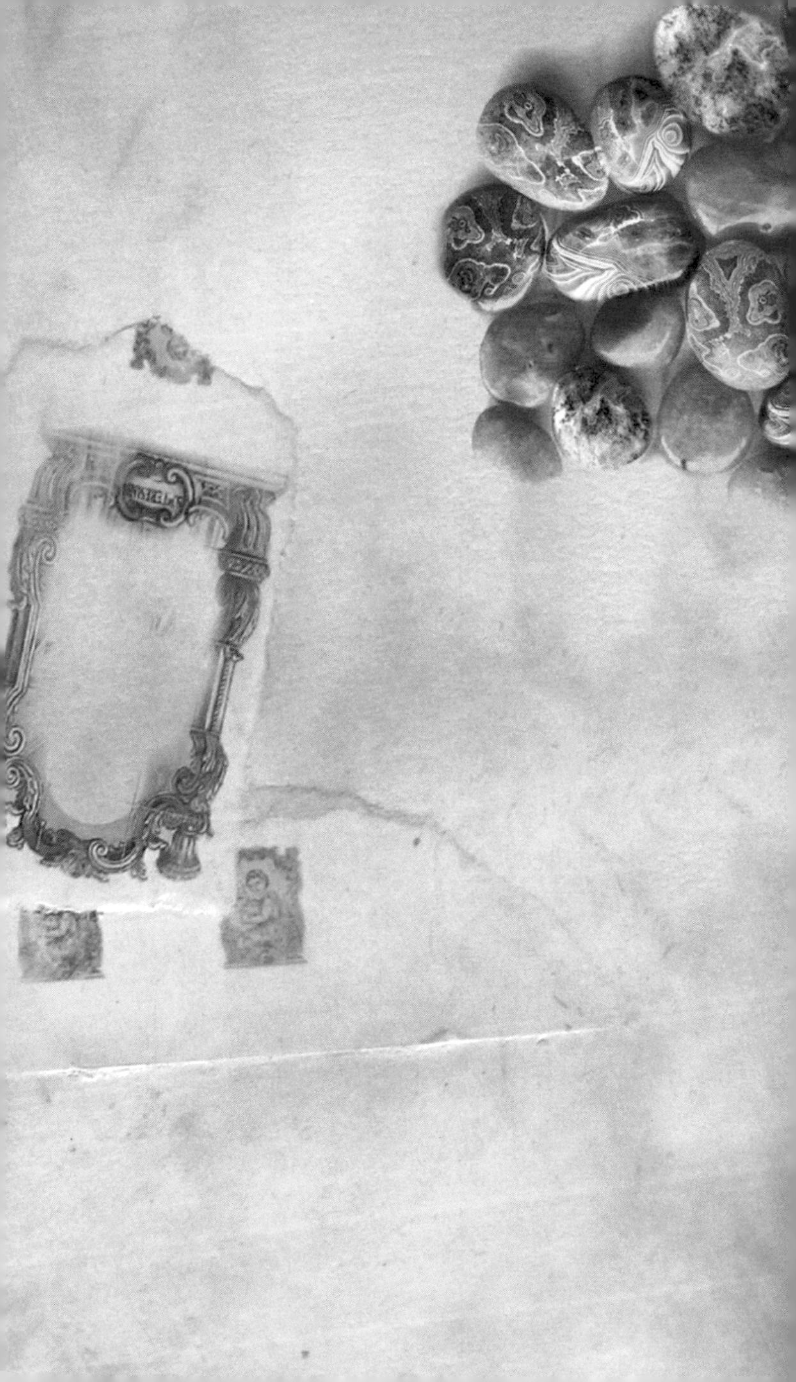

「歡喜就好」

南京城南中華門外的雨花台，名勝古蹟不少，還有革命烈士紀念館和陵園。成為旅遊區，名大就人多，人多就俗，所以連極具盛名的雨花石，都很「塑膠」。

有些單個放在注水的小碗中，有些一小堆一小堆的推銷——忽見一個人情練達小牌子：「歡喜就好」。

雨花石是南京特產。相傳梁武帝時佛教盛行，雲光法師在此講經說法，聽經者眾，感動佛祖，落花如雨，鋪滿山崗，凝成五彩斑斕的雨花石。

其實小石頭經過百萬年古長江及秦淮河的沖激磨擦，已變得光滑無稜。是石英、玉髓、蛋白石、礦物質合成的瑪瑙石卵，還有花紋和圖案，甚至山水畫錯覺。一塊土地石質不正常，才送給人間幻彩的禮物。

但經過這麼多年了，漂亮的、珍貴的、奇特的……真真正正的雨花石，早被人撿光，剩下多是次貨，或人工仿製品，即是翻版。

我們明白了，看透了，一見鍾情，拈上手又不願擱下，就別管來源，不分真假，無謂深究，「歡喜就好」。

只要歡喜，一切都不重要。

雨花石如是，物也如是，人也如是。人生在世，難得開心，何必千方百計讓自己知道受騙？

「歡喜」和「喜歡」

記得南京雨花石，以奇幻的色彩和圖案見著，但難分真假貴賤，那個小牌子寫：「歡喜就好」。

上海國際機場，巨幅燈箱廣告「愛我上海」，拍攝美景加上宣傳句子：「完美有多美——喜歡的就是最美的」。

我們有時說「歡喜」，有時說「喜歡」，兩者有甚麼分別？

我想，「歡喜」，「歡」字先排，大前提是快樂，因為快樂才另眼相看，天真單純一點。如果不開心，就不會愛。

而「喜歡」，則以「喜」打頭陣，先愛上了才帶來歡愉。因喜，覺得它完美；不喜，再好亦枉然。這說法忠於自己。

粵語殘片中，小生花旦談情，像新馬仔林家聲曹達華羅劍郎等，訕訕地又一臉認真對女主角道：

「我哋識咗咁耐，又……有D意思大家行吓……係喱蘭妹，我想問吓，唔好見怪，你究竟歡唔歡喜我呢？……」

現代野蠻女友，面對多方遷就體貼入微的男生，總是：

「哼！你別管，我喜歡！」

有人寵，女人格外驕縱，以個人喜好為中心。

——但願生活中充滿「歡喜」和「喜歡」。

求「聰明」不如求「幸運」

女人情場中受傷。她的朋友道：

「早就叫你放聰明點！」

聽來似是當頭棒喝——其實，在情場中，是沒有聰明和不聰明之分的，更加不能一早便「放聰明點」。

太聰明的人不適合戀愛，甚至沒有資格，因為墮落愛河通常都笨笨的。失明失聰失憶失控失心瘋……要到踤了一跤，才不那麼笨——不過那是事後丸。

無所謂智愚，更無所謂勝負、對錯。別自怨自艾了，IQ再高也栽倒。祝一個人「聰明」，不如祝他「幸運」。

最大的幸運，是大家不愛了，雙方變心，都各找到更好。誰也不會被誰比下去，亦沒有一方傷痛欲絕，飲恨而終。不過這般美滿快樂的事十分稀罕。大概萬份或十萬百萬份之一。

所以，我們只好退而求「次等的幸運」了：——

二人情變，有力難挽，他早早讓你知道，幾乎是一發生便告訴你，不浪費彼此的精神力氣，死心後覓一條生路。若你最後一個被通知，才是雙重侮辱。

要不，別讓你知道。永永遠遠也不知道的，便等於沒發生。不揭破，哪有真相？蒙在鼓裏多開心。

能做到上述任何一樣，反倒感謝他。

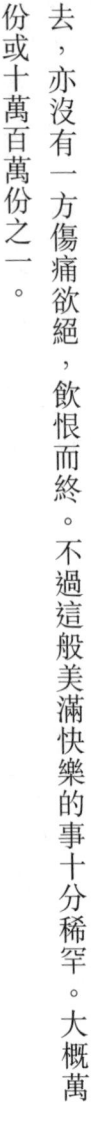

「安慰劑」

有些藥，並非真正的藥，是另類「安慰劑」——騙病人如何如何奏效，他服後彷彿好多了。這是心理作用：心靈得到安慰，心病還須心藥醫。

要知任何藥都有毒，殺死壞細胞時，順便殺死好細胞。

藥是高科技理性產品，但藥本身是非理性的——時時殺無赦，總會殺錯良民。

藥吃多了，身體適應後如染毒癮，無法回頭，只能不斷增加劑量。醫生為免副作用，間中以「安慰劑」騙你。

曾有實驗。某些人特別容易暈浪，一上船就吐。給他「特效藥」。不舒服？但超過二十分鐘也沒有吐，終於可消除嘔吐感了。藥丸只是維他命B12而已。

後來還找志願者坐上不停轉動的椅子、失重心小船、搖晃吊橋、浮蕩如大海的床，……「安慰劑」都是善意謊言。

世上很多話語，其實亦「安慰劑」：——

「因果」、「種瓜得瓜種豆得豆」、「大家講義氣」、「人在做天在看」、「大不了用錢解決」、「大不了從頭來過」、「發財就應立品」、「你仍然紅」、「你不會死，放心」、「到時一定有新的醫藥發明」、「我們有明天」、「很快過去了」、「他最愛的仍是你」……

愛花的司機

偶然遇上一位非常有生活情趣的司機。的士座前插着鮮花，數日一換。原來經過多番「體驗」。

最初貪火百合艷麗悅目，但香味太濃，且花粉量多而厚重，早更的司機鼻敏感，向他投訴。

又試過薑花，淡香悅人，可惜很快皺謝，垂頭喪氣。

「白蘭呢？」我問：「香味清新，從前女人還別在襟前的。」

「但白蘭不漂亮」。

「玫瑰漂亮了吧——」

「放一整天的玫瑰味道濁。」

真挑剔。最後選中可以插好多天，俏麗又不失清秀的黃或白色香水百合。為免花枝亂擺，特別用紙屑和橡皮圈固定。

司機還道：

「有時我休息抽煙，車廂中一陣味，但開窗會散氣，這香水百合比清新劑好多了，很快便趕走煙味了。」

心理作用吧？——但上了一輛充滿鮮花香氣的的士，如他所言，格外舒服、醒神，人也溫和了。

司機困車廂內十小時以上，那難耐的雪種和混濁味，他們或許麻木不覺。既然逃不了，不如在奔波勞累中，享受一下生活情趣。

「對自己好一點。」他笑：「也對客人好一點。」

能言鴨

近日新聞又是黑心食品。

河北農戶以混了致癌的「蘇丹紅」藥粉在飼料中，讓鴨子吃了下蛋，蛋黃特紅。村民道：「吃的是奶粉、維他命——不吃能紅嗎？瞧，一個疤也沒有。」

狡辯，當然。

忽聯想以前看過一則狡辯。亦同鴨有關。

唐朝，有一善為賦又愛狡辯的書生（一時忘了名字，但不重要），為人足智多謀。一日，他家小童奴以小舟驅群鴨放游。有一名自長安出使杭州的太監，氣盛用彈子打向其中一綠頭雄鴨。

鴨折頭而死。

書生見狀馬上飛奔而出，大聲呼喊：「這綠頭鴨是異寶，非同凡響——牠會說人話的啊！」

又作勢道：「我本欲獻狀本州，進貢天子。如今這無價寶能言鴨死了，你教我怎麼善後？」

太監自少困長宮禁，不知外事，信以為真，十分驚駭，只好以厚重金帛賠償，以求息事寧人。財到光棍手了，太監問：「鴨子會說甚麼？」

書生巧妙回答：

「牠能自呼其名。」

鴨確能「鴨——鴨——」自呼，此乃事實。聽者氣結不能發作。

江湖儒俠的難題

我覺得古時闖蕩江湖的俠士，最麻煩是保持個人整潔衛生。

你我都知道，「江湖」這個地方那麼廣袤，晝夜兼程，風塵雨雪烈日寒霜，當然一身酸臭，還每隔一陣與歹人仇家官兵或女主角大打出手，損傷不在話下，那衣服要不要換洗？

對。「更衣」是個問題。

從來大家推崇儒俠。若他夠不上文武雙全，硬是矮了半截。

武夫是粗人，當上主角的機會不大，邋遢點也算了。名留青史（或小說）的，都一手書，一手劍。

光是裝身，該小小布包袱夠位嗎？

響雷下雨，濕淋淋像落水狗？儒俠應該有油布衣服或斗篷。到了京城，忙把青洋縐大褂取出穿上。若拜客，行頭花點心思，又換一身褲褂，再穿薄底官靴，戴青紗小帽，才顯莊重儒雅。夜襲或探敵，戲服喚「夜行衣」，實際是短衣，黑色緊身，足踏快靴，才可飛簷走壁。忽在煙花曲巷邂逅名妓，尋芳訪艷，你說是不是重新裝扮？

他還有把摺扇、一柄寶劍、一些訂情信物（諸如古玉環珮雞血田黃……）、一匹好馬。

間中表演一下書法或寫信，文房四寶又是探囊於善本間取出。

我絕對不相信儒俠那件隨身小行李承擔得起。

「張小泉」也剪不斷的

「張小泉」剪刀店是杭州三百多年老字號。上海亦有分店，就在南京東路上。其優點很多，諸如嵌鋼均勻、磨工精細、鎖軸牢固、開合和順、式樣美觀、經久耐用等。

但一把剪刀最重要是鋒利，和安全。聽説電視台拍攝過「張小泉」一號民用剪，一次剪斷七十層白布不缺口，單層薄綢不帶絲的精彩鏡頭。

店舖門外擺賣快速磨刀器「三秒快」，十元。店內也有其他牌子，如「奇男子」、「奇女子」。不過，主角仍是「張小泉」。

不外剪刀吧，原來那麼多種類：——家常剪、工藝剪、髮剪、整枝剪、紗剪、麻紡剪、女裁剪、男裁剪、指甲剪、豬毛剪、削皮器、蟹具（傳統的「蟹八件」）、核桃剪、瓜子鉗（一把分大中小三個坑）……還有大哈剪、中哈剪、小哈剪。

見「偉剪」。問：「剪甚麼的？」

「香蕉。」

香蕉？難道是妒婦「閹」人用？不，聽錯了，應是「橡膠」。可見名不虛傳甚麼都能剪。

——不過，世上最最最鋒利的剪刀，也剪不斷癡男怨女的情絲、剪不破看來是「一國兩制」其實已是「一國一制」的政治網、剪不開葉劉淑儀和陳方安生的冤孽扣、剪不完一個又一個前仆後繼的股民鏈……

最奢華的一張蓆

人類的體質被科技寵壞，對冷熱乾濕，自身調節及適應的本能一天比一天弱，早已依賴空調和抽濕機器。空氣混濁一點，也會生病。

以前的日子如何熬過來？上一代或上幾代還不是活得好好嗎？

以前夏天，人們愛睡藤蓆——到了今天，這仍是最涼快舒適的。優秀產品是南洋的嗎辰藤蓆。

記得小時新買的蓆面常有編織遺留的小刺，一點點也刺激皮膚受不了，處理方法是床頭常備一個指甲鉗，一遇上便「鉗」掉。藤蓆睡上好幾個夏季，便變得軟熟、滑溜，還發出一種「歲月之光」。

午後清涼的一覺，很愜意，是藤蓆之功。

好的藤蓆不便宜——到但我見過最貴的。

不是藤蓆——是象牙蓆。

在故宮的珍寶館，見到一大張月白色的蓆子，原來用象牙刨幼絲細心織造出來，看着也知是消暑養生精品，雍正睡過的。

但這馳名中外稀罕的蓆子，極度奢侈，彷彿有「生命」在控訴。在燈光映照下，一片沉鬱的無奈的白，是的，牙的顏色。

要殺多少大象取牙才製得？要花多少工匠心力？皇帝也不好意思了，傳令今後禁造禁賣。

此是碩果僅存吧。

第一個人第一句話

有個心理測驗其中兩條問題：

「1. 當你身處荒島，你希望第一個遇上的人是：A. 漂亮的女人或帥氣的男人 B. 天真的小朋友 C. 慈祥和藹的老人。

2. 你希望聽到的第一句話是：A. 你是誰呀？ B. 你受傷了嗎？ C. 你需要幫忙嗎？」

原來這是測驗「求生意志」的。

希望遇上最善良最沒機心的小朋友，當然進取心不大。慈祥和藹的老人，是你等待援助的手，不夠獨立。美女俊男得靠堅強意志去爭取，表現良好才有成功機會。

而聽到第一句話的端倪，表示承受壓力程度。「你需要幫忙嗎？」最缺乏自信，倚仗別人的提醒、訓練、指點。「你受傷了嗎？」則潛意識中帶悲觀，容易遇到困難，但亦可跌倒爬起。「你是誰呀？」最能接受挑戰，得到活命良機。

——看完這個測驗（還有其他幾題），我發覺所謂「求生意志」，其實又即是你對「情慾」、「事業」的看法。求生意志強，他追求高難度的伴侶和挑戰，也希望聽到可讓自我表白的探問，因為他「有料可報」，而不是「唧唧哼哼」呻吟抱怨。

每個人都是荒島，在無涯的時間裏，你但求一刹的影音，如此而已。

「旺」你抑或「剋」你？

有兩個人，你都愛。但一個「旺」你，一個「剋」你——選擇哪個？

你會選擇運勢？抑或快樂？

很難吧。

告訴你，不管你選擇了誰，你都會後悔的。

人就是這樣了，但凡有選擇，取捨之間，你忐忑躊躇，舉棋不定，因為心知肚明，貪果子的人失去了花，戀花的人得不到果子。你必然犧牲一樣，去換取另一樣。

選了「旺」你那個，一帆風順，事事稱心，但你遺憾最終的快樂只得八十五分。懷念那「剋」你的，也許帶來前所未有無價的歡娛，斯時你肯用全部身家來交換，也得不到。

選了「剋」你那個，如膠似漆，情投意合，但人氣下滑，運程困厄，險阻重重，最後一無所有，即使甜蜜，也有變酸變苦的一刻。而且運滯，心情也差，提不起勁去愛愛愛……

——選了甲，你難以自控地覺得乙最好。選了乙，自恨當初何以放棄甲。

人為甚麼後悔？因為一個字：「貪」。

但有選擇比沒選擇好些。

沒選擇，既不「旺」又不「剋」，只得自負盈虧了。也許那個時候，你最心安理得，無從抵賴。

情緒必須「原汁原味」

一個女人情變，表現得很平靜，甚至豁然開朗，當然是她的幸運。拖拖拉拉兜兜轉轉，本來與局外人無關，茶餘飯後八卦一番各自回家，你我有自己的難題——最重要是當事人釋懷而已。

她說最大的一次哀傷足足維持了幾個月，躲在家中自閉。

有人以為「自閉」是病態，其實自己的事自己面對才是徹底的解決方法。也許你不贊同，但我覺得感情的事無人幫到忙，不需要同情，亦不必找人傾訴，尤其是不大信任的人。向一隻貓一頭狗傾訴，雖然牠們也有意無意向同伴洩漏，基於言語不通，傷害不到人類。世上哪有秘密？最親愛的亦會出賣。自作自受當然自己面對。

甚麼叫「痛定思痛」？大前提是「痛」。故意找一些開心的東西來改變情緒，效用不大。還會更痛。

情緒必須「原汁原味」，快樂就快樂，悲哀就悲哀，愛就愛，恨就恨。情緒不能改換、壓抑、自欺、掩飾和交換，讓它發洩淨盡，便會丟淡以至消失。傷口經時間自動愈合，才告一段落。

誰又是強人？

不過自力更生罷了。

白腳花狸貓

上海俗語「白腳花狸貓」，夠漂亮吧？卻非讚美的話。

我們知道狗和貓都很會媚人，同樣也得人寵愛。不過二者性情相異：狗認人不認地；貓則翻臉不認人。

狗隨主人蹓躂兜圈白相，始終忠心耿耿。誰來對主人不利，只消稍有動作，狗已護主心切奮不顧身。

貓日常起居飲食習慣了，便自成一國，亦不大依戀主人，反而是主人（別號「貓奴」）千方百計去依戀牠。

貓兒發情叫春，離家自由戀愛滿足靈慾，不管跑多遠，走多久，牠依舊會回到「老家」——雖然有時無媒苟合珠胎暗結，「貓奴」又得侍候其新生命。

每家養貓都有心得：須從小就蓄養，才不會跑掉。若已成長的，即勉強捕來，或愛得死脫，不願放手，天天魚肉美食暖窩軟枕，終有一天，牠也回到「老家」去。

上海人諷刺養不馴服的人、放白鴿（放飛機）的歡場女子、騙飲騙食收紅包的記者、赴約席不暇暖扮匆忙的生意人、或做不熟見異思遷的員工……一一是「白腳花狸貓，吃罷就要跑」。

有人姓「第五」

曾在日本遇上一位來自大連的工讀生，他姓「傘」。奇怪的姓，原來是滿族人。

一些博客網友留言，還告訴我很多更奇怪的姓。像毒、恥、劣、畜、醜、人、是、獨、但、滴、繩、腰……而柴米油鹽醬醋茶毛主席萬歲這些，都是姓。

——有一個姓「第五」。

百家姓複姓中找不到。是真的嗎？再追查，不光「第五」，由「第一」至「第八」都曾經成為姓氏。

秦始皇之世，齊國君主是姜子牙後人，後來政權被一位姓田的人搶奪了。當時，田姓是個大家族，人丁興旺得前後左右皆同姓，大家生活在一起，不好稱呼。為求區分，商議以「第一」、「第二」、「第三」……進行編號，直到「第八」，才算排完。

秦始皇呑併六國統一天下，齊國王族流放到關中地區，今西安、咸陽一帶。

網友甲道：陝西有個村子的人姓「第五」，可見一直流傳至今。

網友乙說公公的糊塗趣事：「他有一次去機關辦事，有人告訴他，主管的第五主任不在，辦不了。」公公很着急，忙問：「那你們的第一主任或第二主任呢？」

A貨「裴勇俊」

常常在娛樂版和網絡上，見人心水清，把樣貌相似甚至近乎複製的名人一一並列。

如：毛舜筠／廖秀冬、黃秋生／黃國桐、黃耀明／Pete Doherty、鄭欣宜／吳雨霏、謝安琪／黎瑞恩、北野武／劉鑾雄、林海峰／李澤楷、羅冠蘭／陳方安生、林建岳／何志平、周汶錡／李彩華、關之琳／熊黛林、宋慧喬／張雨綺……很有趣。

當然，相似度最高的，是演員海倫美蘭和英女皇，餅印一樣——不過即使那麼像，還是有「自我」的。

一回，在台灣電視節目《哈林國民學校》中，見到一位嘉賓，以韓星裴勇俊的翻版亮相。

髮型、衣着、小動作……笑起來一副無懈可擊的雪白牙齒，一絲不苟——他以為自己就是「他」了，乾脆連名字亦改為「裴勇俊」。

曾在日本紀伊國屋書店櫥窗，見他們宣傳劇集VCD，展覽30cm長Q版公仔，淺藍上衣的裴勇俊加兩個小雪人，售價￥39,000。

裴在日本紅火，師奶殺手身價極高。

台灣A貨以此噱頭跑碼頭，也是商機吧。

不過，算不算侵權？

五右衛門「釜風呂」

有一回在日本泡溫泉，他們有個「釜風呂」，給造成大鐵鍋形，水到下頷，（女湯，當然。若男湯則在胸部），一不小心怕遭沒頂。

這個「釜風呂」每天三個小時注入清酒供浸泡，因易揮發，所以限時。它的大名是「五右衛門風呂」。

我不明白為甚麼還有名堂。所以努力地翻查一下。石川五右衛門是日本十六世紀的江湖大盜。

他劫富濟貧，有義氣，與官府作對，終於被捕。時年卅七歲。

他，與仍在襁褓中的兒子，一起被丟進下面燒着柴火的釜，鐵鍋又紅又熱，酷刑中，五右衛門為了保住兒子小命（其實只能暫延小命），雙手高舉之，支撐不動直至斷氣。

他的故事被編入歌舞伎，成了最受歡迎劇目之一。《樓門五三桐》（又名《山門》。即「三門」，出自佛典，是空門、無相門、無願門的意思，代表着佛教修行所要解脫的三種境界）。

熱鍋上的螞蟻同熱鍋中的大盜一樣，不住跳腳。蒸汽氤氳，我們泡湯發汗全身舒暢，充電待發是為了明天——但有些人，生命轉瞬「泡湯」。同一物器，是生死門。

盜亦有愛。

韓國綺艷Mask

近年韓國美食之外，化妝品市場不錯。

當然，比起歐美、日本商品，韓貨上不了一二線。不過女人愛嚐新，韓國人氣偶像的宣傳亮麗，小生也登場。

在韓國鬧區大街小巷，除了小吃，就是衣飾化妝品。留意到Mask是有專門店的。

看他們的面膜，有粉狀、膏狀、啫喱、乳酪、美容水、精華液……同各國產品沒兩樣，不過「點子」多。有個綠茶乳酪系列，全屬一小杯一小杯設計。另一牌子，還附幾顆滋養乳液丸，敷面清潔後用，走維他命丸路線。

有些一次裝小包，標榜美白清潔保濕緊膚之類。甚麼金虎尾、海藻、青瓜、番茄、紅莓、奇異果、石榴、綠豆、松果，都是特別的水果和植物，且以綺艷包裝——但算來才港幣三四塊錢一包，怎能寄予厚望？

一大堆，倒是精緻討喜如小吃店。

女人敷Mask，其實藉機小休。天天看繽紛悅目之物，人快樂些。挑揀一下，每日不同，塗抹按摩休息，皮膚總有得益。

世上所有商品，香港全買得到，為甚麼要飛？

藉機小休而已。

男人女人之苦

有人說：

「我不喜歡算命。算命先生告訴我，你這命好特別——你想的東西都得不到。所以我不敢想，也不追求。」

你以為你的命「好特別」嗎？

在這世上，誰不是「想的東西都得不到」？

99.99%的人，均難從心所欲，但他們都無法可施。想，即是「過高的希望」，當然得不到。一旦得到了，馬上有新的希望，忘卻手上已有。遙不可及的始終最好。

所以這是個填不平（遑論填滿外溢）的深淵。每個人的命都是深淵，說不出來的苦。

曾見人說到「女人之苦」。她道：「月事啦、生仔啦、買不到Gucci同Prada啦……」

如果女人之苦只是這些，就太簡單了。月事痛苦嗎？「不再有月事」才痛苦。生仔痛苦嗎？「沒仔生、小孩夭折、子女忤逆」才痛苦。買不到名牌痛苦嗎？到有一天「全屋都是名牌而只有自己孤獨一人」才痛苦。

隨口的戲謔，正好說明女人之苦是一言難盡的。既然如此，不如不去深思，以免傷情自苦。

男人也有苦，不會比女人快樂。

綜合而言，男女之苦都是「求之不得」。

「天下第一」？

某日在娛樂版一個不起眼的角落，看到一段報道：——某（沒多少人認識的）藝員到雲南拍特輯，遇上了一位當地尊為「天下第一美男」的男子，合照留念。他握手時還撩她的手示意，相約晚上野火會見面。云云。

這樣的花邊當然過目即忘。

不過看到「天下第一」的稱譽，對比照片，為之失笑。雖不致起了雞皮疙瘩，亦覺這大號有點 cheap。

照說雲南瀘沽湖，也不過小地方，小地方出了個長得還不錯的青少年，目作「瀘沽第一美男」就算了。誰會質疑？

但用上了「天下第一」，便得講資格。花花轎子人抬人，但名不符實，反成了他的負擔。

中國人總是如此天真自信。蜀中無大將，廖化作先鋒，廖化便沾沾自喜，樂不可支。

不嫌其濫，不求甚解。大家開心多麼好。

所到之處，我們喝的好茶是用天下第一泉泡的——可是，「天下第一泉」全國就有三道了，誰才「第一」？

山海關是天下第一關。黃山是天下第一山。食店是天下第一樓。溫泉是天下第一湯。還有，天下第一菜、天下第一聯、天下第一琴、天下第一鑽、天下第一筆、天下第一雞……

虛、假、艷、空

虛、假、艷、空

一九三二年，山西省發現了古籍《金瓶梅詞話》，書前刻有「欣欣子序，蘭陵笑笑生作，明萬曆四十三年」字樣。這是最早而最近真的本子（穢本）。明清的繡像刻本或批點本一比，只能垂首不語，因書以「早」為貴。原創者的地位無人能及。

——但「蘭陵笑笑生」是誰？

眾說紛紜四百年。他是××？可能是××？或者是××？此乃文學家史學家的研究功課。對讀者來說，蛋糕好吃，管他廚師是誰？奇書好看，得享閱讀之樂已足夠。

《金》書內容以北宋為背景，但因成書在明朝，這一百回，近百萬字的小說，不知不覺間突出了明代社會民生風俗飲食百物。西門慶土財主出身，與官場往還，稱老大，養一妻五妾，酒肉兄弟十人，吃喝玩樂，驕奢靡爛。小說中人物當然不存在，只是眾生綺夢。別說西門慶潘金蓮李瓶兒春梅……《水滸傳》中人們熟悉的武松，宋代打虎英雄，梁山好漢武行者，究竟是否確有其人？亦莫衷一是。

原來一切虛、假、艷、空……只是個騙局。

蒼蠅不叮無縫蛋

關於「閒言閒語」，其實也得先撫心自問。

當然，背後的議論因為「閒」，有空，有心情，無所事事，才會那麼八卦。如果自己很忙碌，有正事要辦，有人要見，有問題待決，便無工夫理會他人了。

但所謂「是是非非」，有是也有非，蒼蠅不叮無縫的蛋，你也許真有點可供八卦之處。

記得某讀者來信，談到人言可畏、可怖，令她十分困擾——她是已婚婦人，因種種原因，結識了一位男士，和他在外鬼混，恰好給街坊撞見，於是從那天起謠言滿天飛。

是的，閒言閒語都難聽，但確有話柄，不能盡怪人言多是非。回心一想，被撞破是天意，也是自己失策，總不能在「街坊耳目」下偷歡吧。多走幾步去遠點不嫌累。

情慾是兩個人的事，最好別令其他人受傷害。如果二人快樂，並不礙着群眾，是有選擇的自由。

謠言又怎會置人於死地?這點，男女關係最複雜的娛樂版已天天有課程供讀者研習。再深造，可看「厚黑學」。

不過一旦遇人不淑，或回頭無岸，不要怨天尤人才好。

「四方貴人」

人們去拜神祈福許願做功德，總有「求」的東西。財富（正財橫財）、名位、健康、愛情、美貌、人緣、消災、卻病、延壽、和合、脫險、超度……

有時你收到一張紅紙，上書「四方貴人」。

這不是你的目的，於是放在衣袋中，繼續追求。

甚麼是四方貴人？也許你以為但凡同榮華富貴有關的，對你有利的，就是「貴」人。字面是這樣。

但貴人其實可以好平凡。

我覺得在你最需要的時候，在適當的一刻出現適當的人，是貴人。

貴人不一定有實質貢獻，但他曾給你說過一句溫暖的話，伸出援手扶一把，共你分享某些物事，甚至着緊地罵你一頓，都是「珍貴的人」。

貴人是叫你開心、開竅、開朗和開展的。

經他一指點，你明白、得着、進步，比以前快樂。他並沒有叫你發達，但叫你發憤——這才更加「富有」。

貴人沒有階級之分，只是你不察覺，也不懂得感謝。

——此外，「甚麼事也沒做的小人」，已經算是「貴人」了。

別人上當，你變聰明

有朋友閒聊，想到傢俬店買一款趟門衣櫃。她給我看圖。「咦？有點眼熟……」

在哪見過？為甚麼見過？

終於想起了：

「等等，我好像在週刊的讀者投訴版看到，有關趟門和櫃身有空隙。易入塵，客人不滿但店方又拒絕退貨之類報道——但忘了哪一期。」

她要翻閱並不難。應該參考一下其他用家的意見。

能馬上聯想，是因為我留意真實姓名、單據、照片、來函……的投訴，他們上當了，不甘心，希望求個公道，還有不想再有人上當。這些教訓寶貴，而且光怪陸離。

例如美容院如何折磨買了套票的顧客、整容整形後患、報讀某課程後整間學店蒸發、庸醫誤診、浪子色狼誘姦手法、職業fans收費表、銀行無故鎖卡、裝修工程之遺禍、富婆叫鴨受騙、換取飛行里數要訣……不但是普通常識，還令我們學習聰明一點，實際一點，同時亦減少生氣機會，快樂一點。

同理，愛一個人是盲目的，但盲目之餘，留10—20%空間，看看上手的投訴。你可以原諒、體貼、不在乎，但，那是前人不滿的經驗，知道總比不知道好。

除非永遠不知道，那就等於沒發生過。

「一點豪華主義」

這是我隨便翻日本雜誌想到的道理：

「女人出來社會工作多年，接到了同學會的通知，一方面為與久未相見關係單純的少時好友相聚而高興，一方面也為如何穿着打扮而感到煩惱。以前各有待追的夢未達成的理想，今日也希望以自己最得意的樣子重逢吧。

買新衣、上美容院、做頭髮、減減肥……那麼，是甚麼裝飾品較好？只戴一個鑽戒？夠嗎？會不會太寒酸？

有人珠光寶氣。

有人簡約低調。

有人無能為力。

——但，只戴一樣飾物時，那個鑽戒最好是真的。」

這就是「一點豪華主義」。

一點。看起來不會太擾攘、奪目、招搖，令人不快，但又不顯得寒酸。如此一來，你出席時心中產生滿足感，不瞻前顧後相互比較，人也舒坦、自在。

追求「一點」豪華，正如我們生活中總有一點執着，一點放縱，一點享受，一點奢侈，一點「從容就義」的力氣。

或許你已經是了：——

不要昂貴名牌，但要穿得自然適體質地好，這也是要求。

車子不過是鐵匣，但睡床必須特製。

平日甚麼也吃，偶爾要一頓最貴最美味最痛快的。

既然遇上你，便勇往直前吧……等等。

何必試探老虎？

莊子寫過「養虎」的寓言（《人間世》）。

人們認為「養虎為患」，相當危險，到頭來反而害了自己。懂得飼養老虎的人，不敢拿整隻活的動物給牠吃，因為老虎若有機會搏殺生物，會引發怒氣，野性一發，往往不可收拾。所以養虎，要注意牠甚麼時候餓？甚麼時候不餓？甚麼時候高興？甚麼時候不高興？把與人不同類的老虎，養得像貓兒般柔順，先順着牠的性情，就好辦了。

——但我覺得這種策略不是「順」，而是「逆」。

順着牠的本性，是提供機會予牠兇暴和放任。不依其道，以相反方向來馴服，牠漸漸忘了本質，失去鬥志，減了獸性，因為沒有機會「尋找自己」回復原來的我。終有一天，扔給牠活的動物，牠也手足無措，不知從何動手，遑論搏鬥、廝殺、生吞了。

愛上老虎，你戀慕英雄，貪圖威武的形象，便不要改變牠。

你希望安全、安定，消磨牠的壯志？好讓牠留在身邊久一點，再久一點，直到永遠阿門？就千萬不要給牠誘惑、試探、放縱的機會，也別誤會牠識路回頭。放虎一定歸山，駟馬難追。

「試探」是自作孽。

被愛駒踢死的人

莊子也寫過「愛馬」的寓言。

很多人喜歡馬，以為馬比老虎柔順些，忠心些，容易飼養訓練。

其實，不懂養馬之道，還是危險的。

他說，從前有一個極喜愛馬的人，伺候牠無微不至。用竹編成的筐筐去接馬糞，用巨大的海蛤去裝馬尿。光是大小二便已如此照顧，其他方面更不用說了。

「愛」，就是這樣。

有一天，有一隻巨大的蒼蠅，停在馬背上吸血。養馬的人一見，便悄悄走過去，出其不意用力拍下。馬受了驚嚇，竟以後腳一踢，把他活活踢死了。

——你喜歡他，愛他，呵護他，願意為他做任何事，再卑微謙恭也沒關係，只要他活得好。

可他未必知道。也不了解。甚至不在乎。

全拋一片心？對方覺得是多餘的。你細緻的動作，也惹他誤會。生氣的時候，不自覺叫你受傷、心死。凶終隙末。

你為甚麼仍執迷不悟，以為一切有回報？太篤定了，忘了對方有選擇和取捨。

很多人受不了結局，亦因忘了自己不是編劇，無力編寫大團圓。

電梯門一開……

進了電梯忽聞一把嬌嗲的女聲：

「等埋吖唔該！」

我們忙按開門掣。

映入眼簾的是一奇景：——一個四五十歲大肚腩的麻甩佬，揹着一個年紀相若，肉大身沉，腰圓背厚，擁有豐腴「五圍」的肥婆走進來。他雙手向後包抄有點吃力，她的盛臀被褲子勒得緊緊的，一不小心，露出小花內褲，驚鴻一瞥。

電梯內相識和不相識的人，忍笑忍得好痛苦。

基本上一件牛扒加一件豬扒，合起來設百年壽宴。但他倆嬉鬧玩笑，旁若無人。

在電梯關門之前及時趕上了，好險！這雙璧人還互裝鬼臉。全靠他揹起她，千鈞一髮；也許是她嬌嗔不依，所以他做牛做馬。

兩情相悅，格外天真活潑，趣緻可人。她聲線甜膩，他表現威猛。白對方一眼，已心頭一蕩……

肉麻？當然。

男女之間的一切交流，對旁人而言都不堪入目。同牛扒與豬扒無關，同才華、形象、美醜、家世、德行……無關。他倆沒礙着誰，又不強迫你加入。電梯門一開，他又揹起她，「蹣跚」走幾步，開心吃吃笑。

愛情就是這樣。

跟「才子佳人」一般平等和幸福。

奇特的緣份

電視上有段花邊趣聞。一對同名同姓的夫婦接受訪問，他倆的女兒略懂人事。人問：「爸爸叫甚麼名字？」她答：「施政。」又問：「媽媽叫甚麼名字？」她再答：「施政。」

「有沒有搞錯？」

「沒有。」她搖頭，肯定地。

真難為這小不點了——若不知內情，也許以為她認知出問題。但這種事兒萬中無一。

中國那麼大，男女同名同姓不算奇特，但他們卻結了婚。最初，女施政在一本雜誌上看到男施政的照片，又看到這親切的名字，心想，明明是「自己的東西」，怎麼人家也擁有？捺不住，給他寫信，結成筆友，後來還結成夫妻，真是千世修來的緣份。冥冥中竟有這樣的安排。

私底下，不知如何稱呼？每回寫自己名字時，必想起對方。連世上最煩最悶的「施政報告」也看得津津有味，如同情書吧。

去註冊結婚，登記戶籍時，原也怕成為笑話，引起不便。負責人十分體諒，認為沒關係，習慣了。

——負責人自白：

「我的名字是李華。我老婆也喚李華。」

還是情願熱？

報載上水古洞河上鄉石仔嶺村一間村屋的女戶主，在焗熱的屋內窗邊，測試室外氣溫，竟錄得高達50℃。當然可能受玻璃反射、汽車廢氣或溫度計可靠性影響，但實在太太太熱了，不止熱，是悶熱。

「悶熱」形容身心兩方面的翳焗感，冒煙，沒有出路，火滾，還有眼火爆——「心」的因素更重。

即使沒到50℃，但新界區一定超過40℃。北京已有41℃，而希臘的紀錄是42℃。熱就是熱，感覺騙不了人。

——但世上有一個在酷暑中仍穿上三件毛衣甚至棉襖的人！

中國大陸某城市（我忘了），有個不怕熱的女子。她在三年前，被一精神病人追打，轉身避不過，鐵錘擊在她腰部，從此她半邊身子由頭（臉、五官、舌）到腳麻木了，還得了個怪病，總是冷。

近四十度的高溫下，她不斷加衣，晚上蓋兩層被子，還怕風，窗子從不打開，已兩三年沒洗澡了。她的活動範圍便只是如蒸籠的家。可憐父母得陪她忍受這種煎熬。

她說，以前盼望夏天，穿上裙子很飄逸。熱得受不了，可以去游泳。她唯一渴求是在熱毒太陽下流一次汗……

比起來，「可以感覺熱」，還是幸福的，對嗎？

夏穿黑比白好？

氣溫太高，炎夏急不及待早到了。人謂：「未食五月粽，寒衣不敢送。」似乎過慮了。

夏衣以白色涼快——原來不對。

專家認為，穿寬鬆黑色衣物更清爽，它雖比白衣吸熱多，但所吸收的熱在鬆動下形成對流，由於氣體流動，將人體表皮汗液和部份熱量帶走消散。經實驗，這作用比白衣明顯多了。

白衣在製作、漂染過程，甲醛含量超標，尤以免熨及特別耀目白衣為甚，令人皮膚過敏，散汗熱時痕癢，嚴重的導致皮膚病。

那麼其他顏色衣物呢？據説顏色愈鮮艷的服裝，含致癌物機率愈高。聯苯胺可導致膀胱癌、輸尿管癌，潛伏期長達二十年。紫、橙、藍、綠、黃……都沒紅這般高危，所以紅衣最毒。

專家之言有根有據。但他們口中的黑衣真那麼優勝嗎？我有疑問：——黑，有時亦好「鮮艷」，並非時運低當黑的那種黯啞衰頹，卻如鮮磨的濃墨般發出炫麗光澤，經過一定加工才如此漂亮。

那麼説，黑色毒性也不低吧？

品評的藝術

市面上有好些名媛闊太，酷愛表演，一直都充斥出錢出力迫人欣賞的「票友」。這些演出水準大家心裏有數，場面上誰都不忍戳破。用心良苦的票友，誠邀名伶出席，「欣賞」經典作之後，殷切地問：「唱得怎樣？唱得怎樣？」之類。不是問「怎樣」，只想聽美言。眾人屏息等待答案。見盡大場面的名伶，氣定神閒，微笑：「難得，難得。」

——真是爐火純真。這品評的藝術，你我不懂。中性的評語，也許是：

「難得如此有勇氣。」

「此曲只應地獄有，人間難得幾回聞。」

「難得閣下不自知。」

以後，既要品評，逃不過，又不傷人，可以這樣「讚美」：

「真不容易呀！」

「見仁見智。」

「我就做不來了。」

「相信一定盡了力。」

「你的書我看到想哭呢！」

「人如其文。」

「真虧你想得出！」

「非一般的表現。」

「佩服，佩服。」

走圓枱和向後走

總覺得人們花上五位數去買甚麼跑步機健身器是浪費的，到頭來懶懶擱在一隅，成為「傢俬」。纖體健身當然靠運動。原地就可以跑步，為甚麼一定在跑道上跑？

有兩種方法其實相當理想：——

第一種是專家推介：「向後走」。渴望減肥的你，天天跑上一百公里，固然好，但如何負擔？向後走，身心兩方面皆消耗：看不到行進方向，稍微不安，覺着危險，走一百步也未免提心吊膽。若找個寬大場所例如公園，然後向後走，膝蓋不可彎曲，因使用平常不使用的肌肉，很容易疲勞，疲勞消耗能量。

第二種是經驗談：「走圓枱」。穿緊身衣集體跳有氧舞蹈，不及中國舞的基本功。我們以前最基本又最難做好的，是挺胸收腹，滿場走圓枱。人人都這樣開始，每步不大於一個腳位，必須腳跟先下地才到腳尖，開一段中國音樂，節奏先緩後疾，到最後急走成圓，下半身是不動的。成一個「8」字時，腰部隨「8」字而略傾。

——有沒有發覺，這兩項得提氣、膝蓋也不能彎。不管做得好不好，都自信、神氣、不敢肥。

不過若非持之有恆，怎麼走也無用。

驅狐四字

《續子不語》中，有個冷門故事——說「冷門」，即不大流傳，沒多少人看過或記得。最現實的證據：它沒被選輯、譯成白話文，只在少數「齊全」的版本才得見。

當周世僎主政虞城縣時，耿家莊劉化民家中有妖祟，用了種種方法驅狐無效。他請周公出牒子給城隍廟神，狐妖在空中喝道：

「你求城隍？城隍又奈我何？」

鬧得更厲害。

周聽朋友說：「息縣某巨紳之子新婚，為免綢繆燕爾分心，令他跟隨老師到遠處讀書，無故不得擅歸。一夜，他在書齋獨坐，隔牆有美人露半身，秋波流注，挑逗之。正移几梯接引，忽見牆上立金甲神，手持紅旗二杆，一書『右戶』，一書『右夜』，向女招展，她杳然消失。」——後來劉化民得黃紙二方朱砂書字，持歸，貼於門窗間。狐妖來了，果然退去。

「右戶」、「右夜」這四字，平平而已，不知出於何典？有甚麼法力降狐？何以是「右」不是「左」？

當時的作者、以後的編者、今日的讀者（包括本人），也想不通。剛巧偶遇，向大家請教。

「瘦金」不祥

收到一通電話，是一位朋友「托上托」，想找人介紹書法家，為他的新公司寫「招牌大字」。這關乎業務大事，責任不輕，便問是哪一體？答曰：「瘦金體」。

吓？我奇怪，「瘦金體」非但是冷門書法，而且喜愛的人很另類。當然，書法藝術流傳至今，一定有欣賞價值，「瘦金體」講究秀美流動，剛勁疏朗。說「瘦」，但瘦而不枯，曰「金」，因形如屈鐵斷金，故自成一體。

也許是偏見，就覺這書法「奀挑鬼命」，無甚胸襟。我偏愛「狂草」破格，所以「瘦金」實太拘謹。

至於創始者趙佶（宋徽宗），作為皇帝來說，是個昏君，寵信佞臣，橫徵暴斂，致民不聊生。徽宗與他兒子欽宗還一起遭金人擄去，幾成亡國君。

我問那新公司作些甚麼買賣？說是同地產有關。

這就更別招惹老趙的遺風了。他是皇帝，卻連自己的土地也保不住，一個個城池被金人攻陷，本人亦無立足之地，喪身異鄉。一切土地生意因他而先天性不祥。

以上是老闆的「通識」。除非他不信邪，或只求美觀的老外，無暇了解中國歷史，才不必深究。

化腐朽為神奇

在商業社會，「自資」最惡。

「自資」是真金白銀捧自己，不求人，不用看主子臉色和忍受被雪藏被飛的壓力。

很多人渴望成名，做明星，做偶像，得享前呼後擁的虛榮，但條件不夠，恐成笑柄。

肯出錢？一切好辦——錢能化腐朽為神奇，很少化神奇為腐朽（除非嚴重失運或不自愛）。

所以市面上有人自資出CD、出漫畫、出書、拍戲當主角。總吃不到好菜？自資開店百分百合口味。美容、時裝、電腦、槍械、鮮花、寫詩、隆胸……不但自己有得玩，還可以賺錢（市場受落的話）。若否，如北京人曰：「賠本賺吆喝」也滿足。

自資沒有不對，自捧理所當然。人不自捧，天誅地滅。大家見到「紅歌星」的巨型廣告及涉嫌斥資買來的紀錄，「紅作家」鋪天蓋地的宣傳（還得強調自己不喜歡宣傳），之類之類，多半自己掏腰包的。任何精明主管正常運作，花不起過份盲目的吹捧費。自己付？不管市場承受得了不，起碼也娛樂過大眾，多些人有工開。

一個繁榮的社會，應該有更多人「自資」——沒錢就沒辦法，有，何必靠人賞識和爭取 fans？

憑實力最最最艱辛了。

骯髒

● 鈔票是骯髒的。排首位者人民幣，最大面值不過一百元，流通又廣，很多紙幣已十分古舊殘破，含菌量高達十八萬種。但，為了鈔票，那謀奪的心和手更骯髒。

● 人們以為腳骯髒？誰料東摸西摸的手比腳骯髒。最骯髒是臉，因長期袒露與外界接觸，無遮無掩。

● 吃過東西，口腔和齒縫有殘留的碎屑發酵，所以骯髒。其實使用過久又只是略一沖水的牙刷藏垢納污，發黑含菌，用來刷牙更不衛生。

● 已用自來水洗過水果，不放心，因水骯髒，所以用紙巾來抹，看似乾淨的紙巾存活着病菌，而且許多紙巾未經消毒，尤其大陸的黑工廠，最骯髒也許是衛生巾。

● 口罩（或一個政府）的外層當然黏滿細菌病毒，但內層貼近人們的呼吸器官，不見得清潔，還帶唾液、鼻涕、口氣。一樣骯髒。

● 佛門聖地，六根清淨？四大皆空？——一旦醜聞被揭發，或出事上了頭條，你才明白「出家」比「在凡塵中打滾」更骯髒。

● 媽媽永遠不嫌孩子的糞尿血膿嘔吐物骯髒。任何人對他／她心愛的人也是。

當平凡人更難

美國一名三十歲的魔術師布萊恩，設計一場「絕食表演」，自困透明箱中，高懸英國倫敦泰晤士河上空四十四天。

他成功出關了。滿臉鬍鬚，一身臭味，急劇消瘦，心臟與某些器官可能永久受損。

送院治療前，他含淚激動地說：

「……我學會了珍惜平凡。」

這也是「表演」之一吧？

世上有些人珍惜平凡，清風明月鳥語花香，自由自在放任舒適，但「平凡」，即是「芸芸眾生」，沒有凸顯，便沒有崇拜。通常經歷過生關死劫，或吃過風頭擾攘之虧的人，終於才領悟平凡之樂。

但這位魔術師，看他往績，一直嚮往當傳奇人物，用盡千方百計來玩命：睡棺材活埋一星期、冰封自己58小時、站24米高椿柱34小時、危立玻璃座艙並繞圈……他是從自虐自毀中得到快感。廿多萬觀眾加電視直播加全球報道來成全他的自戀。

——我肯定他不甘平凡，不肯淪為普通。他進入透明箱內三分鐘已開始寫日記，因為計劃聖誕節前出版，帶來可觀收入。拍成電影亦大出風頭。

他捨得嗎？

當個平凡人，比不平凡更難些。

「低溫人類」的世界

現代社會，四周的人，總給我一種「單薄」感覺。不但是單薄的胸襟、單薄的肩膊、單薄的安全感，還有單薄的體質。

都很弱，畏寒畏高，經不起風浪。

英雄好漢正人君子已是奢望，男女站沒站相，坐沒坐相。幽靈化。

看一本日本的醫書，提到近日年輕人具有三大特點：——無氣力、無感動、無關心。

這「三無人員」，與中國大陸無身份、無職業、無居所「三無人員」一比，前者唯心，後者唯物，但一樣「單薄」。

而且今時今日，低溫人類一天比一天增加。

人們積極、上進、關懷、服務、包容，因為熱血。血不熱，身體自然冷。性格冷漠，態度更冷淡。不動心，互為因果，體溫亦毋須提升。這就是「低溫人類」的世界。

據日本一項統計，體溫低於36度的年輕人相當多。馬上令人聯想到血不夠熱，也貧血，貧血的人，頭髮長不好。

那天我去剪髮，身邊一個女孩不停叮囑髮型師：「幫我削薄點，再削薄點。」

頭髮薄薄一層，顏色淺淡。身子薄薄一片，說話有氣無力。世情漠不關心，發音懶，命也薄，像一張張紙錢地飄出去……

只會乾死，不會累死

只會乾死，不會累死

身邊沒有誰同期只做一件事。

人人都似乎很忙，工作在重疊，營營役役。

自己也是其中一名勞動女工。出一次 trip，把所有會集中開完，還兼職吃喝玩樂採訪，不管多忙，都要吃得好活得有趣。

忙，是為了閒。

因為忙，才突顯閒之可貴。

一回與W喝咖啡聊天，他是年紀輕輕便名噪一時的藝術家，現值黃金歲月，他告訴我手上的工作，每個 project 都有吸引之處，都捨不得推，找他的，亦屬精彩班底。

他道：「堆在一起，累死了。」

我笑：「人不會累死——只會乾死。」

有些人工作便是興趣，天賦令之比別人發揮得更好，還可名利雙收，他們多麼幸運！再累，也得感恩，不准埋怨——只消想到世上有些人開工就是開工，資質有限運道平平，看不通前景，才有資格痛苦怨恨。

人不會因為累而死（日本的「過勞死」是體力負荷不了而心臟病發），刺激帶來提升。

人只會因為乾涸、無料、枯萎而凋謝。小小一張臉，也需要補水保濕滋潤，何況整個靈魂？

「壓場」的功力

有些人一出來就有壓場的功力。

是「功力」，不是「努力」。

這種懾人的氣度，似乎不是努力可以達到。

工作的環境，大部份不過各在自己崗位努力，總得有站出來的領導人吧。若這些人完全不必使用小動作、大動作、假動作、誇張動作，已令底下人心服口服，聽從吩咐，是天生的「角兒」。學也學不來，買也買不起。決非金錢可搭夠。

人未到聲先到？人未紅衣先紅？虛張聲勢，是欠缺自信。

——不過也有自信爆棚的。壓不住場，非得有個銜頭，狐假銜威。給了你這名，你也沒這份。

不管明場暗場，都是冷場。你怯場或笑場，重排場，靠捧場……就是不能壓場。有心無力。

台上角兒，藝不驚人不挑帘。儘管受盡欺凌，含冤莫白，百般委屈，肝腸寸斷，生死大限，一個被壓成薄片的人，還是以他們的技藝壓住全場。

情場上也有所謂壓場——你愛他多過他愛你，他便壓場。相反，你也是。這方面，就不講功力了。只因心甘命抵，莫名其妙。

未免太白了

有些人說話很白——率直坦誠乃優點。但未免太白了些。

「你最近瘦了，很漂亮呀，有甚麼方法keep fit？」

但那女孩答：「哪有甚麼方法？我只是會拉。」

「吓？」

「就是拉得很好。雖然人人都會拉，我不同，我一吃就拉，食物馬上變成熱呼呼的大便……」

唉，小姐，明明人家對你讚美，何妨說些悅耳的？忙不迭迫人聯想到熱呼呼的大便，有甚麼好處？

也有一回台灣電視上訪問藝人和他的好友，互說體己話，也揭露個人小秘密。

這二人，一齊討論對方的屁：

「他放的屁好似連環炮，咇咇咇咇咇——」

「她呀，連游泳時也在泳池放屁，悶吭——」

藝人，當然也像普通人一樣，吃喝拉撒睡是民生，沒甚麼仙氣。

再美的尤物，屁也是臭的。但為公眾娛樂着想，何必唱揚？

閱報，「日本萬人迷木村拓哉雖以俊朗多情的角色風靡一時，但他為了根治狐臭，做了六次手術，切除兩腋皮下汗腺……」

——這樣也報道，是否有點殺風景？

如何一天減十磅？

酷熱的夏天，原來是一年中最容易減肥的季節：

（一）非常悶熱，食慾減退。

（二）排汗多，即使甚麼也不做，亦消耗熱量。

（三）穿短、薄、露肉的輕裝便服，增強個人羞恥感，以及對脂肪憎惡感。

（四）見到人家夏裝適體，提高自己達成目標的士氣。

（五）暑假有很多大型活動，群眾集結，人擠人，汗出如漿，勝過運動。

——任何人夏天的「死穴」是在冷氣間昏昏午睡，保證你囤積居奇，前功盡廢。

我在一本松原英多著的醫學手冊上看到，食慾與神經有很密切的關係。若交感神經（作戰神經）佔優勢時，腸胃功能會停止；副交感神經（休息神經）啟動，便很想吃東西。所以聆聽節奏快的曲子或很巨大的聲響，心跳不已，身體也充滿活力，空腹亦無感覺。

為了減肥緩慢抒情調應禁止。

其實最佳減肥方法是：

中午十二時半，35℃的高溫下，穿上暴露身體各環節的緊身短衣褲，服了搖頭丸躋身大球場，看一場萬人咒罵的最差勁的球賽，精神亢奮至失控，人人流了一攤汗，演變成一個熱水池，然後游泳回家。

蘭花的嘴唇

常去的花店，來了一批新蘭。花蕾既多，前景欣然，色又鮮妍，令人神怡。中有一盆，問店主這喚甚麼？她道，是「兄弟女郎」——我記得有一種蝴蝶蘭，喚「城市女郎」，何時冒出兄弟來？但這樣的名字，倒十分戲劇性，且有爭逐之意，兩難之局。

另一盆艷紅如血說是「夕陽紅」。「兄弟女郎」並非一般的粉白，而是粉花黃心紫唇，選擇哪個？考慮一陣我捧走後者。

別人養蘭似乎很講究，不過我隨意擺放澆水亦長得很好。未開花時，莖葉多姿。它一個一個花蕾漸綻，一兩天開一朵。

觀賞的樂趣是緩延而妙曼的。

原種蘭花有二萬七千多種，在市面上可見的只是少數而已。蘭由花瓣和萼瓣組成，共同特色是有一枝形狀獨特的唇瓣，小巧的較浪漫香艷。拖鞋蘭雖然名貴，但嘴唇像一個兜狀的拖鞋頭，真殺風景了。跳舞蘭細碎而活潑，充滿動感。情緒低落時，倚仗這束花提昇。

我們買得到的蘭花，都不稀奇。

如果你問我愛那品種？定選「墨蘭」，它是報歲的蘭花。

如果有機緣，我希望得一盆「綠雲」，或「黃道」，或「玉獅子」。

身體語言不說謊

隨手掀掀八卦雜誌，永不細閱。每有新聞，本本都是差不多的報道。

有時，則見久違了的藝人，佔一角落。但圖說明會揶揄一番。例如：

「很久沒見××了，如果首映禮還不來亮亮相，也許大家已忘了。」

「××穿的黑衣，就如近日運程一樣。」

「××近日人氣下滑，可能冇乜自信，連擺甫士都縮吓縮吓咁。」

「××的笑容有點苦澀……」

在娛樂圈，只有兩種人：（一）紅的。（二）不紅的。

紅與不紅，有時與演技和勤奮無關。不過紅的甫士，和不紅的甫士，卻是立竿見影，無從掩飾。

因為身體語言不說謊。

紅的人，不管自哪個角度何種場合拍得照片，都容光煥發，意氣風發，眉飛色舞，神采飛揚……留意到嗎？都是「發」、「飛」，這些字多開揚。打開胸襟，張開雙臂，動作多多，表情豐富，源於「自信」。若是大哥級的，總愛把身畔男女（當然多是投懷女子）左右包抄，勾肩搭背。

至於跌Watt那些，或地位低，夠不上，只好夾着尾巴，肅然直立，兩隻手怯於造次，甚至插在袋中。

記者和讀者看到的甫士，便是呈堂證供。

《謠言不問出處》

廣西師範大學出版社有本新書《謠言不問出處》。作者是老貓。很有趣，在我們廣東人眼裏，「老馬」是識途的；男人是「老狗」；「老貓」每每燒鬚——這個俚語所指並不光彩，有點尷尬。廣西跟廣東的理解也許不一樣吧。

說回這書，關於「謠言」，而非「出處」。

人需要謠言，社會也需要謠言。

沒有謠言，等於不受關注。背後沒人說，特別寂寞。尤其是「習慣」或「嗜好」，甚至「上癮」的名人，若有一天大家對他／她很好，不但不跟蹤、不報道，還讓之安安靜靜平平淡淡地自在生活，一定急瘋了，非給自己製造些謠言不可。

寂寞是藥石無靈的心病。

左看右看，「謠言」這兩個字不是甚麼好東西。總是不懷好意、捕風捉影、幸災樂禍、落井下石……它必然包含了傳聞、欺騙、背叛、官司、報復、謊話、劣跡、淫褻、淪落以及罪行。動聽的就不叫「謠言」，那是「吹捧」，宣傳得付費的。

這本書的名字其實已告訴大家不必深究。

我想乾脆連書也不必看了。任何是非，追問出處，是同自己過不去——因為那會令你吃驚。

倉頡會發怒

M裝修洗手間，燈特別亮，因他總愛在上廁所時看書報翻雜誌。

太多人把洗手間當閱讀室了，這究竟是好習慣抑或壞習慣？何必執着。在一個「符號」的時代，有人喜歡「字」，多好。

不過在古時，原來這是一種禁忌。

讀書人對「字」有一份尊重，也帶點感情，所以不能在上茅坑時閱讀，也忌諱用有字的紙當廁紙，然後把它扔到糞尿中去。他們認為造字的神倉頡會發怒。某些地方還有寺廟供奉祭祀他。「倉頡作書而尺雨粟，鬼夜哭。」是驚天地泣鬼神壯舉。

可惜，現今討厭的八卦新聞、虛假狡辯的訊息、情節無聊的小說……中傷、盜版、抹黑、攻訐、侵犯私隱……都使用文字作為工具。漸漸尊重「字」的人便少了。甚至不想看。

某日，在一個電視上的訪問中見到六十歲的大陸作家陳忠實，他花了四年時間寫就五十萬字的《白鹿原》，完成後，如喝酒喝高了的激動流淚。十年前出版社派編輯坐火車到他家收手稿，他覺得把「生命」交託了。

「是死了後可墊棺做枕的書」——那麼沉重？讀者該怎辦？我有這書，又怎敢在洗手間看？

五星到一星

中國大陸的旅館，由五星到一星，都住過。

我的包容度大，適應能力也強——這是被迫的，不過既然你怨艾也得住，生氣也得住，不如寬心點，自己找活路。

五星級的設施當然比較好些。小城某些一二星的連風筒也沒有——一回，請房務部送一個來，用完之後我出去，再回房時已不翼而飛，他們隨便開門進來把東西拿走，決不知會一聲。打電話問，沒人認，也沒紀錄。

「那麼是否算『失物』？」我道：「如果晚上洗頭要用，怎辦？難道每次都麻煩送過來嗎？」

後來終有人解釋：

「我們只有一個，別的客人要，就拿去給用了。你真的要待會拿回來。」

就是這樣，叫你不怒反笑。

但一般而言，不管甚麼星級，都有共通點：——

（一）即使天氣已變冷，堅決在未得批准前不開暖氣。不開就不開！頂多給你搬一個暖爐來——乾烤。

（二）暗。最貴的旅館也全用40W燈泡，藉口影響電力（？），不給換。後來，我已不動氣不動聲色，到街上買幾個100W（每個才一兩塊錢），統統換掉。有人來探訪：「咦？你這房間特別舒服。」不，只是大放光明，開朗了。

《殺子成擔》的故事

掀一本佛教故事的書，用人間巧喻來弘法。有一則，曰《殺子成擔》。

某農夫，養了七個活潑健康的兒子。日出而作日入而息。某年天旱，瘟疫肆虐，一子病死。夫妻撫屍痛哭。但天氣燠熱，屍臭刺鼻難聞，他仍不願抬出埋葬，反召開緊急家庭會議。

「小弟死了，我們實在捨不得他離開溫暖的家，這樣好了，不如大家搬到門外住，把房子讓出來安放屍體，他就永遠同在一起了。」

於是一家搬到戶外風餐露宿。

異乎常態的舉動，以及膿腫爛臭的屍體，令左鄰右里大受影響。在勸諭和抗議下，農夫只好把屍體放在擔子中，一肩挑起覓地埋葬。誰知失去平衡，跌個四腳朝天。

他傷透腦筋，終靈光一閃想出妙法：

「我只要再殺一個兒子，這樣竹擔子兩頭都沉甸甸，重量平均，便不會左右搖動啦！」

果然，再殺一個解決了難題，擔子搖晃時平衡的弧度優美。他走向荒山刨洞去了。

愚昧可笑嗎？

但世人犯了過錯，無意悔改、善後，反延宕時日，心存僥倖，如屍臭人人憎厭。更有甚者，泯絕良知，一錯再錯，殺子成雙，引為樂事，洋洋自得。子殺盡亦不知回頭，終沉淪致自食其果。

十二選一

北海道有些「特色商品」。

大的是「熊出沒注意」系列，有朋友曾買了塊暖簾，掛在房門口，天天在黑熊嘴裏進出，一點也不吉利。不過他不介意就算了。小的則是一種深綠色的水藻球，來自阿寒湖，小瓶中放入一顆，會長大。這系列的玩具，主角便是水藻仔。巧立名目的人氣商品，隔不久便推陳出新。另有設計。

大家追求的是「新鮮」？

不。人漸漸長大，才漸漸發覺，你要的不過是最老土的——即是千萬年來，人人都追求差不多的東西。

有一個專櫃展示100%天然 Power 的「力量の石」。這些不同顏色、特質的晶石，共十二種：——除了沒甚麼「個性」的「萬能の石」外，其他都有主攻的項目，像「昇進」、「必勝」、「人緣」、「賢明」、「健康」、「瘦身」、「魔除」、「減壓」、「開心」、「金運」、「戀愛」。想想，你我的願望不出十二之數。

問：「最多人買是哪種？」

答：「『金運』、『戀愛』和『瘦身』。」

如果必要選一項，我會選「開心」——上述十一項都滿意了，人才會開心，所以「開心」是最貪的。

但回心一想，也許是對各項都不掛懷，不受得失影響，心才會開。我希望有這種力量。

頭上如何安頭？

有時竟在看台灣的綜藝娛樂節目中，學到成語——因他們是以趣味為主，出題考驗務令嘉賓和現場觀眾一臉茫然，搞笑目的便是這樣。像早前《我猜我猜我猜猜猜》（由吳宗憲主持），便常有讓你「猜」不出答案的成語。處處都是學問啊。

有回他們出「頭上安頭」。那些甚麼人氣偶像哪會？都解釋：

「頭上多安放一個頭，那麼劊子手斬首時便斬不死。」

「是嚇唬人家的吧？」

「頭上又長了一個頭……？」

其實我也不知道，快翻《中國成語大辭典》，原來「比喻事情重複雜沓，無用無聊。」

又有一回出「兩腳書櫥」。通常我們形容一個人博學，稱「活字典」——但這個成語不是褒卻是貶：「只知死讀書而不會運用的書獃子，即使博學廣聞，若不能妥為應用，和沒有學問的人一樣，被譏誚為兩腳書櫥。」

至於「笑比河清」，並非笑得很清純，或水落石出，而是「黃河千年一清，比喻一個人很嚴肅（或哀傷），他一笑，非常難得。」

忽然想造句，如下：——香港領導階層官僚架構如兩腳書櫥，如大徹大悟，一改頭上安頭的陋習，苦難的市民笑比河清。

沒有能力「不願意」

人最束手無策，有口難言的痛楚，便是生死無常。

你明知自己甚麼也做不到，多一秒也爭取不來。大去的是自己，抑或親愛的人，最終只得由它……

有朋友心愛的男人逝世。她整天一言不發，拚命工作。堅決讓自己忙得沒時間想起任何生活細節。某天，我在電話中問候她，她忽然像個小孩，非常天真，非常任性，號咷大哭。

「我很想很想他陪我——我只是想他仍陪着我吧，為甚麼不可以？……」

不可以。

偶見電視畫面，不知來龍去脈。是個患了絕症的中國貧瘠山區小孩，大概治不了了。父母都平淡但濃烈地成天抱着他。

人問：「你知道『死』嗎？」

他答：「知道的」。

他又道：「『死』就是跟我爸我媽離開了。我不願意離開我爸我媽，所以我不願意死。」

到了原始的生離死別，世上再沒有更珍貴的東西。費盡心思竭盡所能去追求的物質名利財富和權勢，虛幻的喝彩讚美，萬眾臣伏，抵不過一下呼吸。他捨不得你，你捨不得他，不捨也得捨。

人們沒有能力表示「不願意」。

名副其實的「絞」刑

古老的絞刑台曾在赤柱「香港懲教博物館」展出。

本城廢除死刑已三十六年，仍有市民樂於參觀這（模擬1946—1966年間）奪命索。免費的。

絞刑是頸套麻繩圈，頭笠帆布袋，雙腳繫沙包，行刑至氣絕為止。外國的絞刑有用繩子把死囚雙腳紮牢，再用絞架繩索把頸部勒緊，一聲令下，腳下活動地板向兩側分開，雙腳懸空，吊死在自身的重量下。

這天剛好翻書，中國式舊上海的絞刑，原來名副其實是「絞」而不是「吊」。並需由兩名劊子手配合默契方可完成。

先在刑場豎立一根木樁，樁端開個小洞，絞索自洞中穿出。死囚掀跪在地，反綁在木樁上，絞索套牢脖子。再取一根長約三尺的木棍與脖子同圈在絞索內，外面打個死結。行刑時，劊子手甲在死囚身後，手執木棍兩端，以緊貼脖子處為軸心，左上右下「把軑」般絞動，漸漸索緊。劊子手乙則雙手上下左右，不停地揉動死囚的肚皮。因絞索愈緊，他體內一股氣無法排出，致令肚皮不斷膨脹，乙需揉動引導其氣從肛門排洩，免肚破腸裂，保證絞刑的「質量」——全屍。所以過程徐疾相配。

這樣看來，即使行刑，也算是種藝術，亦是最後的人道。

「眾目睽睽」的恐怖

台灣發生過一宗殘暴的當街兇殺案。

十七歲男生，因十六歲女友向他提出分手，多次恐嚇，百般騷擾，她不肯回心轉意。

男生傳短訊：「若別戀，你死定了。」

結果她仍移情別戀。卻逃不出魔掌。

他揪到她，抓住她的頭往地上撞、敲，後腦勺重創。之後把她扛在肩上，丟到水溝中，用石頭猛砸，她毫無反應了，但男生怕她只是昏過去，再用一塊巨石壓在她頭臉在水溝中溺斃……

一個手無寸鐵，嬌弱危難的十六歲女生，整個慘死過程，何以如此詳盡？歷歷在目？

——因為全程有目擊者，不是一兩個，是一旁兩列的「民眾」，眼瞪瞪旁觀了殺人棄屍的經過，無人上前阻止，連呼救亦不敢，直至兇手揚長而去才報警，已來不及了。

事件最恐怖的，不是手法兇殘，置人於死地肯定不堪入目。最恐怖的，是眾目睽睽而「安靜」，看戲一樣，屈服在十七歲少年淫威下，半個挺身而出的男子漢也沒有。

祭品貨車

清明時節，月內墳場、靈灰閣、寺廟……附近，都見擺賣香燭祭品小攤子。路過，見有一輛大貨車，還作「流動式」供應。在寺廟間穿梭，亦一盤花過心思的生意。

老闆（亦一腳踢雜工）停下貨車，打開他的「倉庫」，全是紙紮祭品。車門上張貼了一幅幅樣本照片，客人只消按圖指點，他便鑽進去執藥一樣，這這那那搬一堆。

由蝦餃燒賣到薯條可樂，由釘珠錢包到LV手袋，由黑膠唱片到MP3到數碼相機，都有。像冷氣機電冰箱咖啡壺餐具……這些，順理成章。竟然還有假牙！

看到煤氣爐電磁爐暖爐熱水器，便奇怪了。亡靈陰寒，不是愛冷嗎？難道還洗熱水澡？

看到新型號飲水機，便跟他開玩笑：

「燒了個飲水機，但沒供應蒸餾水，得物何用？」

他一想，對。但真的沒有水。

當然也不能太深究。譬如說有DVD機沒影碟已作廢，有手機沒充電器亦非全套。看真點，還強調3G視像手機呢——與陰間通話便可看到對方容顏？是個鬼故事題材呢。

切忌半死不活

如果閣下要自殺，我不會鼓勵，但決不攔阻。你跳海，不諳水性又比你體弱的我，試問有甚麼資格攔阻？萬一扯你不住反遭扯下水，最後你被撈起而我得翌晨才「浮起」，這有多冤枉！

萬念俱灰的你不要玩玩，必須一擊即中達到目的，切忌半死不活，生不如死，還連累他人。

燒炭大去，一了百了。但是吸入過量一氧化碳又「只不過」腦死狀態，那些終生照顧一個植物人的父母親人就慘了。

跳樓致肝腦塗地，那麼裙拉褲甩露底露點見報無所謂。自己不死而壓死一個無辜途人？餘生多麼內疚。

即使命不該絕亦勿慶幸。從二十四樓躍下殘廢的你，要賠償二十三個晾衣架、花架、石壆、花槽……以及損毀路面的罰款，律政司會給你開清單。

所以一旦下定決心，堅持必死。

「死前放縱」是理直氣壯的：碌爆多張信用卡、縱慾透支、到澳門豪賭、狂借大耳窿，最後還強姦了暗戀三年的ＯＬ、斬傷七名眼中釘……你寫下遺書，叮囑家人不必負責，「一人做事一人當」。然後服下最昂貴的安眠藥溝路易十三——先生，你死不去呀，洗胃後又是一條好漢，不過，要一一「找數」。一百年償還不完……

白絲如何染紅？

有本我得空時愛翻的書，《天工開物》。原著者是生於明萬曆十五年，卒於清順治年間的宋應星。

雖說是「科技的百科全書」，但道來感性，看來多情。有關栽種、織造、染色、冶鑄、舟車、膏液、五金、造紙、兵器、火藥、釀酒、珠玉、陶瓷……等等的製作技術及源流，非常有趣、實用。

各人也可看出不同的境界。

它提到絲、麻、裘、褐，本皆素質，加以染色，可增強視覺立體感，豐富色彩的感受，也是一種提升。

其中如何染「紅色」呢？

紅色染劑主要成份來自紅花。染家有特別的花圃栽種。二月初播種，夏天即綻放。採花者必須在清晨花朵尚含露水的時候摘取，如果太陽照射過久，露水已乾，則花朵內的染料成份不易萃取。將紅花搗碎，以水淘洗，放入布袋絞去黃汁，取出後再加酸栗、洗米水搗和，重複數遍，放一晚，捏成薄餅收藏。放在酸性的烏梅水內煎煮，同滴入鹼性的稻灰水，效果不同，一是「定」，一是「褪」。蓮紅、桃紅、銀紅、水紅……因染料用量多寡而別。最紅的是「猩紅」。

只有白絲可染紅色，黃絲是染不上的。

看《天工開物》，驚歎天地的恩賜，人的智慧，以及文字的魅力。

「七不可思議」

日本人所謂的「不思議」，好似主動地不思不議不傷腦筋。其實正寫應是「不可思議」。

京都知恩院在八坂神社附近，穿過円山公園走一陣便到。它是日本淨土宗的發源地。一一七五年，法然上人悟道後在現址立廟、傳道。數傳之後，雄偉莊嚴。每年除夕大晦日的一〇八鐘聲，便是雪影清音。

人們遊逛時，會把它裏頭的「七不思議」一一找出來：——

忘記傘（建寺工人把傘遺漏在大殿正面的東側屋樑上）。

鶯聲走廊（走在長廊地板上會發出黃鶯的叫聲）。

三面貓（狩野信政所繪的貓像任何角度都如正面相對）。

白木棺（工頭五味金右衛門夫婦的自製木像）。

瓜生石（黑門附近會開花結出黃瓜的石頭）。

大杓子（大方丈走廊屋樑上的飾物）。

逃脫雀（「菊之間」紙門上所繪的麻雀太逼真而飛走了，只餘畫痕）。

到此一遊的人，不找齊「七大」是不肯罷休的。齊全了又怎樣？都是失物、遺痕、道具、佈景。

除非，是數百年後傘的主人回來收取吧。

但寺方不肯，鬼與僧在拉鋸中，這才不可思議。

不需要太多

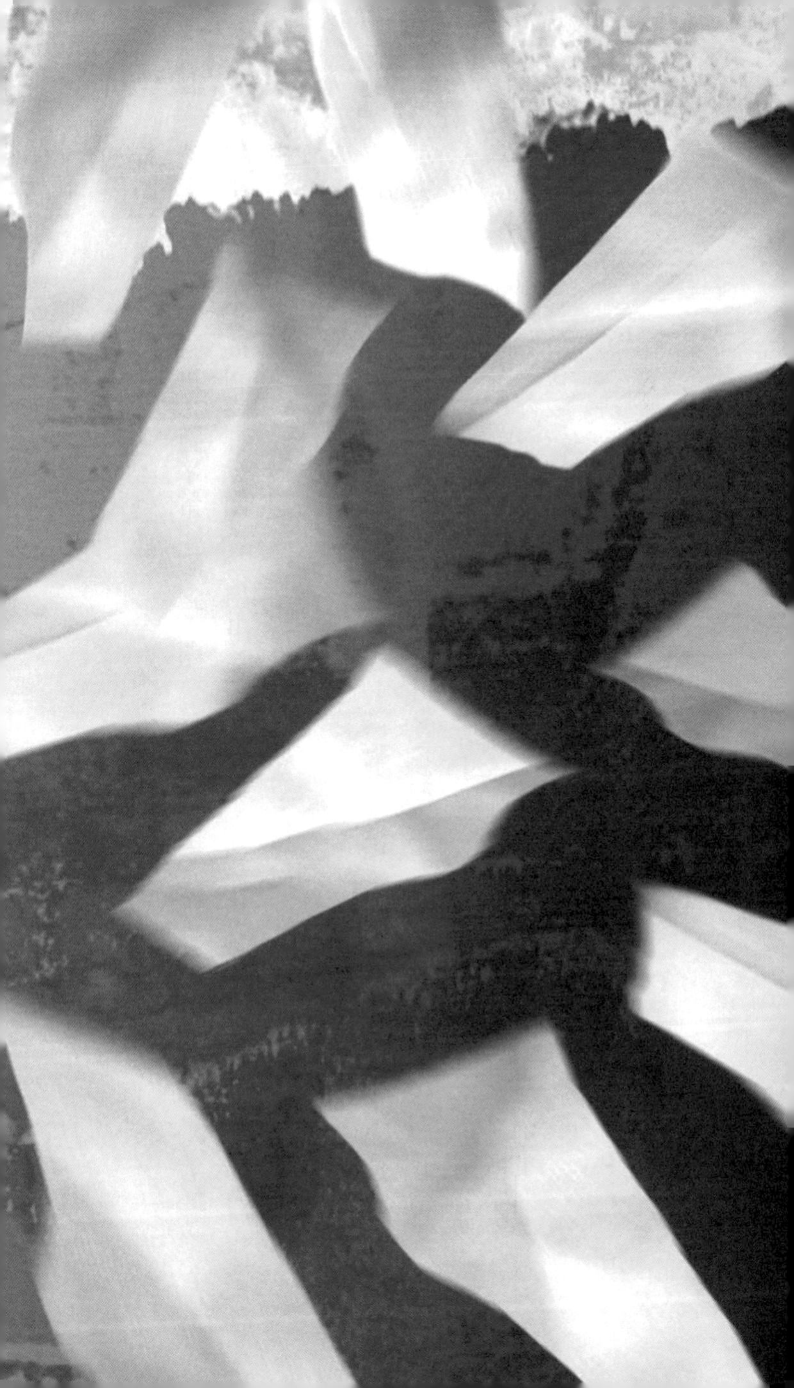

不需要太多

間中有朋友找我給公司、新書、電影、產品改名字，時有神來之筆。不過我從不幫BB改名，關乎「一生」的事當然是父母天職。

我改名不要長。有段日子一些書名和歌名流行長長文字串，故弄玄虛，那些小說看不下去。歌曲亦因名字難唸難記紅不起來。片名尤其，超過七個字便很囉嗦。一般兩字起五字止。

但原來電影史料中真有冗長、繁複、累贅的片名，一口氣讀完便會窒息：——英國片《當你告訴我你愛我時，我為甚麼要相信你，因為我早已知道你一輩子都在騙人》（1983年）；《在這些飛行器裏的了不起的男人們，可是，我怎麼才能花25小時10分鐘的時間從倫敦飛往巴黎呢？》（1965年）；還有美國片《在西庫利亞那城，兩個人為一個寡婦發生的流血事件起了政治風波。愛情，死亡，美國的魯加娜、塔蘭泰拉、塔拉魯奇亞是酒》（1973年），此片在歐洲被改成《復仇》，簡潔有力。

所以那些「你已經劣績昭彰人民水深火熱實在受不了你還要搞亂到幾時？」「多煩，自己說着也厭。簡化成「識趣快離場」、「引咎辭職」、「速速走」、「下台」都嫌字多。正如對他不再愛你或你不再愛他的男人，「滾」，一字足夠。

最先變瘦的是手

市面上大部份減肥消脂纖體藥品都有副作用，或誇大功效，所以不愛運動的懶人又對「沖涼瘦身」的沐浴液趨之若鶩。據說在洗澡時把這些沐浴液塗在身體某些部位，以手打圈按摩，便可減肥。云云。

不管它含有甚麼成份，都不可能滲入皮膚起消脂作用吧。若可，那麼身體內部物質豈非由皮膚滲出來？哪有如此恐怖？

令人懷疑的，天天洗澡按摩，接觸沐浴液最多最長久的，是你們一雙手。真有效？最先消瘦剩得骨頭的，一定是閣下的「鳳爪」。立竿見影。

也許一切與材料無關，「按摩」已經是運動，所以消耗一點能量吧。

見一種「增高鞋墊」廣告，鞋墊某些部位藏有磁粒，是根據傳統經絡穴位理論而特設的，一年內可以促進人體生長激素和血液循環——但，附「注意事項」：你必須多吃牛奶、雞蛋、水果、蔬菜等營養豐富食物。每天「堅持」做一小時以上的運動。「保證」六至八小時的充足睡眠，等等。若持之以恆已夠收效了，何須鞋墊？

消費者的普通常識而已。

還有，做得愈大的廣告，羊毛出在羊身上，費用必轉嫁由顧客負擔。當上羊牯和實驗白老鼠還得付鈔？真笨。

舞台上的「反喻」

曾對京劇行當中的「淨」有疑問：

「『淨』角是滿臉揉彩，顏色斑斕的大花臉。勾臉譜，粗壯渾厚，個性鮮明，像包公、竇爾敦、張飛、李逵、曹操、賈似道、鍾馗、李元霸……這些，最不乾淨了。為甚麼叫『淨』？」奇怪。

——原來「生、旦、淨、丑」的角色，全部是「反喻」。

最不乾淨的大花臉，便喚「淨」。

「生」即生疏，要求主角演出老練純熟，故反其意取名為「生」。

「旦」原是旭日初升，陽氣正盛，旦角是女性，女屬陰，反名為「旦」。

「丑」按屬相，丑為牛，牛性笨，但演丑角的人，則要求伶俐、活潑、聰明、惹笑，是笨牛的相反。

你看中國的古老傳統多扭曲？

有些人怕小孩「小器」，養不大，都故意抹黑之，稱「乞兒仔」、「叉燒」、「豖豬」，說反話，不肯過份讚美，他日後才飛黃騰達。因此周潤發的乳名是「細狗」；萬人迷周渝民不過叫「仔仔」。

「反喻」嗎？本城政治舞台的「建」、「淑」、「詩」、「錦」、「德」、「麟」……之類，真意是甚麼？以前還有所謂「平」，平淡平靜的相反，演譯一支風頭擾攘的下籤。觀眾做錯了甚麼，招致如此報應？天天忍受鬧劇和悲劇？

廿三開始已太老

某日有經理人朋友攤開一些新人照片，讓我們提意見。

沒有意見，沒有興趣——因為這些美少女不是我的心水。我的要求高些，必須有與眾不同的型格和演技，才值得花心思去「做」。人人都差不多，有你沒你無分別，捧不起又何必多此一舉。

而且很多新人都「冇品」，料子不夠但派頭十足，一眾簇擁出來，儼如公主王子。既屬「空洞派」，「腿功」又利害，不多久即起飛腳、鬧情緒、反目成仇。有多少藝人會同經理人郎情妾意母（父）子（女）情深？

他們一動不如一靜，皆因暫時找不到更好去處。相敬如賓，只為利害關係千絲萬縷，分手不易。

跟任何人合作，同一條船上，只求過程愉快成績美滿，日後提起仍覺難忘，多好！中間沒有栽培——說不定是對方栽培我。

最有趣的，是經理人道：

「其他的唔嗅米氣，這個還不錯，想簽她，不過她太老了。」

吓？太老？才廿三。可見雙方都有為難處。

演藝工作，起步衝刺爭分奪秒。一直當乖乖純情美少女，忽然覺悟臨急性感，萬種風情已經「遲暮」。

青春不能扮，也不能等。

為甚麼「打屁股」？

人身體有無數穴位（又稱「腧穴」），是臟腑經絡的氣血輸注於體表的部位，這些反映點是「要害」。

有關經絡穴位的研究，是複雜的學問。

若簡單化，你知道人體重要穴位在哪兒？又哪處穴位最少？

看圖，我們最易致命的穴位當然在頭、胸、背。前面比後面危險，上面比下面脆弱。原來，人的屁股除了坐骨神經影響較大，重要的穴位很少。

那麼，屁股應是所有組織中作用不怎麼樣的部位了。屁股除了扭、翹、排洩、部份人士拿來操之外，還可以怎樣？

由古至今，有一項刑罰是「打屁股」。封建時代的五十大板一百大板，都在公堂上城門空地或大街，公開表演的。你會以為這是極大的侮辱了？不，這竟是「皇恩浩蕩」。

從前鞭打或棒打犯人，並無明確位置，以致很多被活活打死。到了唐朝，李世民一日在太醫處見到一幅《明堂針灸圖》，細研人體穴位，後來對刑罰有了規定，便是不得撞擊拍打胸背部，集中「打屁股」。罪不至死，皮肉傷痛很苦但治療可癒。犯人承受得了。

一直流傳至今仍有笞刑。

你說是否得感謝李先生的「體恤」？

貴賤人字拖

逛街，看見兩個女孩走過，都穿人字拖，一個左黃右綠，一個右黃左綠，是好朋友，交換拖鞋穿，組成一幅青春頑皮的初夏風景。如果超過某個年紀這樣「黃綠」法，反而造作。

有些人喜歡穿人字拖，圖方便，設計鮮妍又多姿多彩，尤其是熱得鞋底也溶掉的日子，十隻腳趾也要脫穎而出見人——當然，有些腳趾是見不得人的，惡形惡狀，四面伸展，互相交疊，猥瑣寒傖……還有，最大的罪孽是「髒」。

Birkenstock（我至愛）的立體鞋床健康拖鞋好舒服，穿久了還有腳形記憶。貴一點也無所謂。但他們的人字拖不好穿。其實人字拖令腳趾不適，滑，走路會累，不過當成了fashion的一部份時，人們與它互相磨合，讓它登大雅之堂。

人字拖多麼簡單，照說三五元到十元一對很合理，當付出數百，甚至數千元，那就是一個心甘命抵冤大頭。情有獨鍾無法脫身，可以表態：「我高興，關你甚麼事？」

丹麥某超市貨架上一款人字拖，一隻印聖母一隻印耶穌肖像，教士指控其褻瀆神明，兩日後禁售，因而「奇貨可居」。

美英聯軍攻陷伊拉克時，弱勢的伊軍手持簡陋武器腳踏人字拖，驚慌迷惘地出來投降，這是世上最淪落可憐的「軍靴」。

別玩「貓膩」了

看到上海的報章上有花邊，標題是《「以舊換新」別玩貓膩》。很有趣。「貓膩」是甚麼意思？

這新聞是投訴一些家電產品和手機商號，「以舊換新」作促銷手段，但消費者換來所謂新貨，用不了多久，便出現狀況。「奸商」精於計算，打着幌子讓次貨脱手。

我猜，「貓膩」指陰謀鬼祟。但「貓」是機靈冷傲可愛寵物；「膩」亦非「壞」。這個詞兒組合帶點冤枉。

以為是吳方言。好奇一翻，找不到。

後來在《北京話詞典》中，見到「貓兒膩」。例句：「我和××的答案一字不差，有他沒我，這裏頭準有貓兒膩。」或：「你們倆在玩甚麼貓兒膩？」——果然不是好事。又作「貓兒溺」或「貓兒匿」也可。聯想到廣東俗話「神枱貓屎」，亦非好東西。

前前後後一找，在北方，「貓兒鬧」指要小脾氣頑皮。「貓兒尿」是對酒之憎稱。「貓兒食」形容飯量很小。「貓兒蓋屎」是把事物遮蓋、掩藏之意。光一個「貓」字為躲藏的動作（「躲貓貓」，多天真嬌俏）。

還有，大家喜歡吃的「貓耳朵」，殘忍吧？——那是片兒小卷麵食。

「響屁」和「悶屁」

在電梯裏有人想放屁。

困閉的小盒子，裏頭就這幾個人，大眼瞪小眼的。屁是誰放，瞞得了嗎？那個想放屁的人很悲哀。為了拖延時間到出了電梯，天空海闊時才放屁，便一直努力的忍忍忍。

把一個含苞待放的屁狠狠憋成一頭逃生無門的困獸，有多痛苦，猜也猜到。但為了個人尊嚴，也為了眾人福利，這個不好意思的屁，最好別脫穎而出了。

——由此可見犧牲小我的情操，維護形象的掙扎。

好景不常，臭氣還是漸漸的「滲」出來。大家暗忖：當場脹紅着臉五官微微扭曲的是元兇嗎？為了厚道，皆裝作不知道。直至電梯門大開，吁一口氣。好了好了，閣下可以放屁了。

屁有兩種：「響屁」和「悶屁」，都臭。響屁比較痛快，但馬上讓人洞悉。悶屁隱蔽而鬼祟，勝在成為千古懸案。

肚子不舒服，如同有話要說，「敢」的人便放響屁。至於肚子不乾淨，揶揄、譏刺、批鬥、放冷箭、二五仔、文字獄、兩面三刀，都是悶屁，有些人不敢挺身而出正面交鋒，也愛躲在角落咇個悶屁。

總之，心中有鬼或腸中有鬼，造成屁，令它的主人和旁人一陣不好過。但屁過情遷，又各自上路了。

小眼如豆

這是偏見——我比較不喜歡小眼睛的人。小到像兩顆豆豉，筷子一箸挾走。像兩隻蒼蠅，手指一彈應聲倒地。小到黑白不分，張開和閉上都差不多，在會議上大打瞌睡無人發覺，即使被傳媒拍到了也證據不足可死口不認，這是小眼睛最大好處。

普通人目光如豆，前景狹窄，算了，大部份人都如此活着。政客、師爺、文妓，一雙小眼睛閃爍不定，還有如小三角般，恃着少許權勢，惡形惡狀。通常「心術不正」、「居心叵測」、「工於心計」……等形容詞，都為小眼睛而設，眼神表現與「心」相通，出賣了自己。

戴了副厚厚的眼鏡，或時髦的加闊黑眼珠範疇隱形鏡片，通常有「放大」作用。但若隔了鏡片他的眼睛仍那麼小，除下時便簡直找不到。「有眼無珠」是自責，但有時是這些人的寫照。

大細眼真無奈。貪靚的人會跑去動手術。某去割雙眼皮。眼睛不算小了，又何必動刀？但天天照鏡子很討厭有大小之別，手術不是「微調」，而是兩隻眼睛得一起做，才可「統一」。還道：「現在用鐳射止血，所以我嗅到香味，眼皮焦香——像烤蝦的味道。」但若弄不好，眼皮摺得深些，比眼睛還要大，喧賓奪主。

重申：以上皆屬偏見，「平等機會委員會」別告我歧視。

「美女型男，勿站門前」

堵車。欣賞街景。見一家小小的服裝店門外放了兩個紙皮箱，有點突兀。一個寫「美女型男」，一個寫「勿站門前」——原來小店地方淺窄，門面不大。剛好是巴士站，搭客候車都在門前擋路，影響生意。

一個一個的發話？很累。

而且世上有些人非要跟你過不去，故意以「公眾地方」為由，愛站便站，你也無可奈何。並非每個人都明事理，為人着想。

所以，店方以紙皮箱上的標語同各界打個招呼。先恭維，後勸諭，陌生人心頭一喜，與你方便。目的達到了。

都說「伸手不打笑臉人」，又不費錢，口甜舌滑好辦事，總勝過雙方生氣，以致勢不兩立。

把擋路的、壞事的、看不過眼的、惹禍的、為害大眾的、草菅人命的、浪費公帑的、作威作福來折磨我們的……「請」走，上述方法不知是否奏效？

如果為了達到目的，我們可以無恥地讚賞政壇上的美女型男，希望他／她們勿站本城門前，叫東方之珠淪落、黯淡、成為鋼刀下的「解放區」——各位，精明幹練，以民為本的領導人；艷如桃李，海棠春睡的局長；腳踏實地，謙抑自持，妙手仁心，俠骨柔腸，忠孝節義，勤政愛民的高官；黑白分明，良知未泯的保皇黨……

我想，香港人不會吝嗇甜蜜的謊言——只要他們肯走。

「阿超採耳」

在人家的書架上，找到一本有關省港民間俗語及歇後語的專書。想翻翻「折墮」一詞出處（再沒有比「折」後還要「墮」更慘痛，接近永不超生）。不過它只道是「報應」，很簡單，沒有典故。

反而掀到一些「阿乜、阿物」的俗語，是我們一向不求甚解的。像「阿茂整餅——冇嗰樣整個樣」、「阿崩叫狗——愈叫愈走」、「阿昆洗鑊——內外都咁乾淨」、「阿六捉蛤——焗住」、「阿福肚臍——有凸」、「阿駝行路——中中地」、「阿聾燒炮——散晒」……有根有據，恍然大悟。常用的我們說成順口溜，理所當然，字面上也猜到涵義。

但有一句「阿超採耳——慢慢你就知」，我一點也不知。

「阿超」既非名人亦無特徵，不知有何事蹟？原來他是位理髮師。從前飛髮佬剪髮後，還替客人採耳。他讓客人坐在一條好長的板凳上。問為甚麼？他答：「慢慢你就知。」——技術差，總是挖傷客人的耳朵，他們雪雪呼痛不停往後縮，一直避，等採耳完畢，已從長凳的這一頭縮到那一頭去了。暗示：你慢慢就明白要嘗到甚麼苦頭，如何走投無路了。可是還要給他錢。

有如此可憐的客人嗎？

當然有，香港的納税人便是。

不要天真

半紅不黑藝人接受居心叵測的傳媒訪問，原因是：

「有人寫好過沒人寫，有得見報好過沒得見報。一不小心做了封面，用錢也買不到。」

懂得遊戲規則倒很上路。現今的報道不懷好意，若非驚嚇或核突的題目，便是「有事發生」。二打六，人家為甚麼非要捧你？當然用錢也買到一點，但不包括：

「你們一定要幫我澄清冇整容和冇俾人包。」

「記住用清純小公主的相做封面。」

「你們要寫忠實 fans 為求見我一面在門外紮營三天三夜且在追車時跌傷了。」

「我來拍照你們要待以上賓之禮。」

「我要演唱會相片放在頭版並且報道盛況。」

怎麼可能？這個世界除了有背景的報刊，為政治目的「歌功頌德」之外，沒甚麼正面新聞，亦無傳媒肯當宣傳工具。基於幸災樂禍的潮流，人家必然經過篩選，把最醜陋的表情，最曖昧的姿態，最不想人知的內幕，統統登出來，再加以歪曲、揶揄。才換得見報機會。

出一天或一週的風頭，輪到下位。

不要天真。

最「溫文爾雅」的時候

日本企業特徵是高忠誠度和高向心力。報載，某眼鏡店不管職員視力如何，強制必須做四眼仔四眼妹。不知是否會「更明白顧客需要」，不過戴眼鏡的人看起來忠誠老實一些，此乃造型之功。

你知道何處最多人扮四眼仔四眼妹嗎？

——法庭。

上庭的被告，是最「溫文爾雅」的一群。這也是他／她們最落力表現得像個正人君子良家婦女的一刻。

不管甚麼職業，本來就裝扮上路的了，即使是不羈浪子蠱惑仔社團大佬風塵好K女郎……平日以「型」取勝，此刻最佳道具是一副眼鏡，還是有框的，架在鼻樑上就如用粗黑色箱頭筆給畫出來一樣。

眼神收斂。有點憨。

這個時候，他們要有充足的自信，和過飽和的正氣，表現自己是「無辜」的。男的刮鬍理髮，西裝革履，一絲不苟，一時失察，還道是知書識禮，宅心仁厚的典範。女的穿上斯文套裝，化個得體的妝，不能太濃，欲蓋彌彰，又不能太淡，掩不了蒼白憔悴。

如此苦心，只為博得法官同情、好感和印象分。讓他當日最愛最諒的人便是被告！

他應該下跪嗎？

「他應該向公眾下跪求諒嗎？」

某日淩晨，台北蘆洲一戶人家，夫婦爭執。起因據說是夫有外遇，婦妒火中燒，引火自焚，誰知一發不可收拾，造成十三人死亡的慘劇，左鄰右里亦受波及，滿目瘡痍。被燒成重傷的妻子在醫院搶救了十一天後終告不治。丈夫躲避多日（因為群眾狂打他洩憤），到警察局接受偵訊。鏡頭前向公眾下跪，請求原諒。

喪妻，欠下接近一百萬台幣醫療費用，因倖存成為千夫所指的罪魁禍首。辦理後事，會將兩棟房子變賣，賠償受災戶——嚴格而言，也是「受害者」，家破人亡心情悲痛，為甚麼背負所有的包袱？皆因犯了桃花劫（這真是非常悽厲的桃花劫了）。

闖禍的妒婦幸而大去，一了百了，否則群眾的壓力肯定受不了。

丈夫跪不跪，罪名都一樣大，不過表示了一點心意求息眾怒吧。必須在「鏡頭前」，否則無人知，無力又無效。

在事情搞到一團糟之後，一個莽夫也清楚自己的定位。這是「市井智慧」。同理，不懂下詔罪己、引咎辭職、告老還鄉、退位讓賢……者，就是「政治智慧」不足。

「吐氣揚眉」五個洞

一向整容的重點是眼睛。最普遍割雙眼皮，相當掩耳盜鈴，因為看上去太工整不自然，而且有「斧鑿痕跡」。男人若割了深深的雙眼皮，你會疑惑究竟為了甚麼？除非去做明星。

但，他們不發覺，其實對男人來說，眉亦十分重要。觀眾看到當年英姿勃發的明星，怎麼變得老態龍鍾？是眼皮浮腫雙眉耷拉，整張臉便沮喪了。

眼神固然排首位，但你看，兩道上揚的眉，「眉飛色舞」、「眉開眼笑」、「眉目傳情」。一個好 man 的男人擁有「劍眉星目」，潦倒的便「烏眉瞌睡」，娘娘腔的「眉來眼去」風情萬種。

所以現今流行「拉眉」的手術。把雙眉往上提，精神意志高昂了，人沒那麼衰頹老弱，運氣似乎亦提升。有時相由心生，有時，動點手術，則心由相生亦說不定。

把雙眉往上提，疤痕豈非很明顯，無所遁形？不，原來縫線可以「藏匿」在眉毛間。

還有悽厲的，據說是在頭顱上橫打五個洞，把臉皮一點一點往上拉、剪、縫，眉梢眼角便很自然，最後頭髮又蓋住了秘密。

那五個洞氣流一通，叫我馬上聯想到「吐氣揚眉」。

遲死十天？

根據英國倫敦大學一項調查，「人生滿足指數價目表」中，快樂有價，最最最快樂的，是「身體健康」，等同每年多賺四百六十萬港元。因人而異吧，普通人每年多了四百萬，自欣喜若狂，貧困者還彈跳上天花板。但富豪指縫分秒漏出四百萬，多或少了，全無影響，那麼他們的快樂，相比之下大概是蒼白的，這個價錢一點也不興奮。

大家明白，不管貧富，健康是一切快樂之源。人在《生死簿》前，卑微如蟲蟻。為了生命，誰都情願以他所有來換取，那一刻，任何物質都失去價值了。

——生死束手無策。

健康還可苟延強補一陣，生命說走就走，一秒也不能遲。

看古籍，明代有一位大夫張介賓，懸壺濟世名動天下。對了晚年，尤對《易經》研讀成癖，已達預知未來之精深境界。八十三歲那年秋日，他對家人道：「我快要死了，趕緊準備喪葬之具。」不巧，說完後連續幾天都陰雨綿綿，不利出殯。他長歎一聲：「道路泥濘，要親友趟泥送喪，實不忍心。再遲死十天也罷。」

與家人共聚，到十日後，歡宴一堂，靜聽他講解《易經》。此時月色正明，起身看看窗外：「我現在可以去了。」說畢，向眾人拱手作別，再上榻坐定，一笑而逝。

——能這樣大去，才是人生真正滿足，實在無價。

可惜只是傳說。

討厭的代言人

一大堆「工廠打造」出來的影視「人氣偶像」，面目模糊，性格含糊，進出又一大堆保母經理和跟班式的服務人員，分不清誰是誰。

沒甚麼興趣。

台灣的導演倒有氣得宣佈：「這輩子再也不拍偶像劇了！」

某說，當喊5、4、3、2、1時，這群小孩子只顧喝汽水、聊天、吃口香糖、打電話……沒一個人理會。要拍吻戲，拍前一分鐘由經紀公司代拒絕。也有導演NG，但偶像認為他很OK。遲到的若被罵，她居然發脾氣失蹤了一天避不接電話，得哄。

大多以拍廣告為主。即使中國大陸二三線藝人，一旦紅了，趕忙要大牌。一些「國際巨星」（自以為）架子搭得神憎鬼厭。

中港台，全世界，由從前到現在，大部份少年得志的藝人也難侍候。沒有怎麼唸過書，欠內涵，缺乏責任感，不懂禮貌和尊重……對呀，但只要有人捧，有fans，就有囂張資格。

市場作主。告訴你我最討厭甚麼：——有些商品明明是吃喝玩樂項目或常用的，喜歡這個牌子，常用，不等於喜歡他們找來的「代言人」。皆知拍廣告的收入豐厚，但那個費用轉嫁於用家身上，當大家購買該品牌時，間接令瞧不起的代言人肚滿腸肥氣燄高張。

我不想當冤大頭。

曾經「大爆發」

已經很久很久沒進過這些彈珠遊戲機中心了。

日本的熱鬧商店街仍不斷有新店，常見「新台入替」，充斥着沉醉在喧囂樂聲光影中的來客。奇怪，他們依舊那麼快樂。

一旦「中」了，店方煞有介事地在你的機器上插一個大牌子，寫着「大爆發」。特別矚目、響亮、張揚，燈光閃呀閃的，亢奮得很。

當然我也試過「777」魔幻數字驀地出現了，彈珠如雨如雹地落下，足足六七大盤。

此情此景，你還怎會「抽身而退」？橫豎是贏的，便不停地玩下去。正如所有人的「經驗」，終於全部輸回去。直至最後一顆亦骨碌溜走。

床頭金盡，壯士無顏。彈藥用罄，你就是過客。

那個大牌子，不知甚麼時候已卸掉。看錶，發覺不但輸掉所有，還賠上時間——究竟你在幹甚麼？你贏過嗎？春夢無痕。貪？又不是，刺激？也不算。但實實在在，是「失」。

就這樣，從此不玩。

曾經「大爆發」，曾經極豐盛，手忙腳亂應接不暇，眾人羨妒的焦點。

某日路過，哦，從前某日，我玩個不亦樂乎呢。

誰要「緩慢」地好？

不知是空氣混濁或自來水不潔，受到感染，眼睛發炎。在上海，整條南京路有很多「第一××商店」，連醫藥店也是。

到櫃台一問，店員道：

「這發炎是一般情況，不用買進口貨。上二樓買國內的吧。」

——回想，我就是不夠堅持。

上二樓，皆國貨。店員也不察看，指出去「自動售藥機」：

「金霉素、紅霉素也行。」

怎知道甚麼金甚麼紅？我是病號，不是醫生，弄錯了怎辦？但見「鹽酸金霉素眼膏」，2克×2支裝，一瞧，一元七角——如何放心把一支才八毛半的藥，用在本人寶貴的眼睛上?但趑趄之際，另一店員道：「我也是用這個。幾天就好了。」

只好一試。微黃色軟膏，適應症是沙眼、結膜炎、角膜炎等。塗了薄薄的一層，無大感覺。再加厚……一切與厚薄無關。緩慢到幾乎不見效。

回港，馬上上藥房，指定進口貨。德國製，氯（不是綠）霉素，紅字提醒：「毒藥」。用兩次，即日消炎消腫，也不疼。誰要「等」?再貴，再毒，再不愛國——它快快治好我的病，給我平安、健康。可靠，是的，這個最重要。藥，重手些，別心軟。

一九三八年的標仔

本日擦鞋

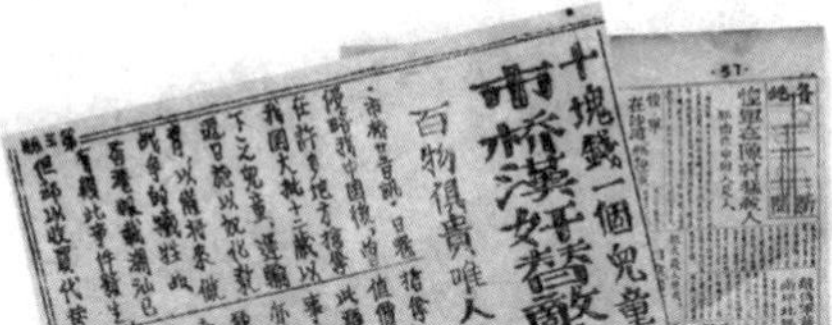
十塊錢一個兒童
百物俱貴唯人命便宜

來一個殺一個

一九三八年的標仔

每年特定日子，全國有不少紀念抗戰勝利週年的照片展覽。每個城市都有難以磨滅的集體噩夢。

日軍「殺光、搶光、燒光」的紀錄、空襲狂轟濫炸後孤零零站在瓦礫和屍體間的小男孩、天天排隊輪米的老百姓、街頭示威白布上寫：「來一個殺一個！」、市橋漢奸替敵方收買兒童培養成聖戰炮灰（十塊錢一個）……

老照片都是黑白，模糊而悽愴。但人頭滴下的血，格外紅。小市民的眼神，特別恨。

我留意到一幀，裏頭不見血，沒有恨，但十分感動。

那是年約十歲男童，稚氣的面貌，老練的雙手，佔了照片一大半。面前是光

可鑑人的皮鞋，他埋頭用心幹活。戰亂時期，本來僅足餬口——可是粗陋的擦鞋箱上貼了張字條：

「本日擦鞋所得

盡作獻金之用

標仔啟　八月十三日」

一九三八年廣州街頭，一個喚標仔的擦鞋童，決定將自己一天勞動所得捐獻出去，支持抗日。

如同聖經中寡婦的兩個小錢，這一番心意是最豐盛的付出。今天標仔還在嗎？應是七十多歲老頭了。

老百姓的爛肉

〇七年八月十五日，是抗戰勝利六十二週年紀念。六十二年過去了。說「勝利」？實「慘勝」。抗日期間，中國人民死傷數字，是三千五百萬！

一九四五年八月六日，美國以原子彈炸廣島；八月八日，再以原子彈炸長崎，逼使投降。八月十五日，日本政府向全國廣播天皇裕仁「停戰詔書」。中國抗戰結束，舉國歡騰……

但傷口長期不能癒合。

這幾天，日本電視台循例不斷播映「原爆紀念館」展示慘況，燒焦的屍體、扭曲的弁當盒、斷肢、受輻射感染終生無法生育的婦女、一身爛肉的老人……可憐？中國人呢？

　　有一正義的攝影師，到處訪尋「爛腳老人」，拍照存檔。日軍細菌戰實驗，不少老百姓受炭疽菌、鼠疫等感染，當時少年，今天七八十歲了，一雙爛腳天天流着血膿臭水，浸濕了布鞋，那佈滿紅白黑灰「斑爛」色彩的爛腳，永遠治不好，生不如死。

　　還有慰安婦、殘廢者、病患者……四肢五官不全的戰爭受害人，昆蟲草芥一樣苟活着。至死討不回公道。

　　當然是軍國主義禽獸，侵害他國，自己國人亦遭劫。任何戰爭，最無辜是老百姓——但同情原爆之餘，也得分清因果，孰令致之。

午夜畫師

凌晨一兩點的街頭，仍有人在開工。氣溫下降，人人都在寒風下瑟縮回家。這兩天，都見到一家鐘錶店的鐵閘外，有個四五十歲的美術師傅在畫畫。用普通的漆油，原始的手法，數十年的功力，對照一幀手錶的相片，放大繪畫在鐵閘上。

於是，黑白銀的色彩就比附近一帶的鐵閘更有特色。

昨夜見他還在起草稿，今晚已畫好一大半，明後天再精細加工。

閒聊之下，知他來自中國大陸，口音不正，但功底在，是長期專業的積分。自己開了家廣告公司。

「可是社會進步了，很多都用電腦噴墨，再也沒人一筆一劃的做。」

他的畫雖是一個job，談不上心血結晶感情投射，但仍一絲不苟，不時退後

細看。師傅的卡片剛派完，因為只要路過的人看到問他要了，那就是一個「機會」，還有希望一直畫下去。

在商店的鐵閘畫商標，要待人收工後才可開工。次次都得晚上十時後，畫到凌晨三四點，約四五天的工程。但有時一個月也接不到多少job。我這樣停下來讚賞幾句，他覺得很溫暖。

若此行業未被高科技淘汰，雖漂泊而被動，還是有他一碗飯的。

「爽快」不是一種性格

超市有攤位推銷「菜菜紙」。

真有趣，肯定是由熟悉的日本女星「菜菜子」而來。但亦相當貼切，因為它就是一張張包裹蔬菜的保鮮紙。與一般有別，它不是塑料或科技物料，而是可以分解的纖維素皺紋紙。可包裹蔬菜水果可作冰箱墊紙吸味紙，保鮮之餘，一個月後曬乾，重複使用。

原料是竹之粉末、竹抽出液、天然素材。宣傳說，在日本得優秀獎，已賣出四百萬張了。云云。

香港定價是十九元九角。看了一陣，發覺逛超市的人，都拎起研究，但又放下了。我不知道它的銷路。

只是在一張紙身上，看到了國民的生活要求和水準。

有些話是永恆真理，如「倉廩實，而後知禮節」、「衣食足，而後知榮辱」、「飽暖思淫慾」、「民以食為天」……如果飢餓，首要是覓食。經濟不景，便劣幣驅逐良幣般，得過且過，每況愈下。先滿足基本需要，才追求過得好（才進而優質生活）。禮節、榮辱、愛情、肉慾、尊嚴、道義……都是奢侈品。

不久以前，人們倒還捨得，現在，連一包保鮮紙也拎起放下——因為，一個充飢飯盒也不超過十塊錢。

「爽快」，不是一種性格，而是一種資格。

「她」的前世今生未來

是否「女性主義」者？會否爭取「女權」？認為「婦道」有必要嗎？……老實說，不覺得要在這上面費工夫。

如果你努力，做得好，自然有成績，有成績便有地位和聲音——光發出聲音而缺乏「後援」，是鳴鑼響鈸而已。

女人的「後援」，不過她自己罷了。

香港文化博物館有一系列的展覽和項目，以多媒體藝術，眾裏尋「她」，追溯女性的前世今生未來。藝術沒有性別，只有雅俗、高低、好壞、久暫。可用一個欣賞的角度參觀，但千萬別迫我「思索」啊。正如好看的小說可讀，不好看的，捧着便奄奄一息。

女人身處的時代、環境不同，一步一步走過來，桎梏和束縛都一天一天少了。還擁有「她」作代詞。

中國經典名著是男人寫的《紅樓夢》，小說中太太、小姐、丫頭、出家人……大部份是女人，但裏頭沒有一個「她」，因為清末尚未發明這個字。到了1926年才由劉半農創造出來，得各界稱讚，公認了女性地位。

有趣又可哀的是，你看今日香港領導班子和政黨，最窩囊的是男人，最兇悍的是女人——但我們會笑迎這種顛覆嗎？

「這是窮的晃動。」

有一大堆VCD和DVD，需要點時間幹掉。悠閒的心情，泡一壺上好的白牡丹……

其中有一齣是《蘇州河》。

還沒開始。先看導演的訪問。

記者問他：「你在片中採用的這種搖晃鏡頭拍攝方法是否刻意的，有點像王家衛的影片？」

婁燁是所謂「第六代」，國內很無聊的劃分——其實他是新鋭導演之一。近因拍了題材涉及「六四」的《頤和園》，參加康城影展，被罰五年內不能拍攝電影。

當時他答：「我們用的是16毫米攝影機，比較輕便，我一直要求攝影師盡量穩一點，但因為這是低投資的，實在技術做不到不晃動，這與大導的那種晃動不一樣，他們有很多錢，很好的設備，假裝沒錢很簡陋……我們最初只一百萬，沒辦法，這是窮的晃動。可能那是一種時髦，但我們裝不出來。手提攝影機造成的，不是故意的，這是天大的區別。」

自嘲得很有個性。就衝這番話，我知他的作品有趣。

但這樣的「感覺」，他一生只能擁有一次，就過去了。

以後名成、利就，有人投資，也經歷起跌，想再拍成這樣也難了。有錢再裝窮，已不是此番原始而純樸的表現。谷底再反彈，氣力得花在刀口上。

真的，過去便過去了。

「這是窮的晃動。」

布鞋軟硬

一天無事，便把在北京百年老店「同陞和」買的布鞋拎出來研究研究。布鞋，有些穿上街，有些只供觀賞，有些，像這蠟染藍布的，不好穿，太硬了。不但包邊兒一如緊箍兕，整個鞋底就是一木片。

從前民間都穿布鞋，越硬越耐穿。也有捨不得的，下雨時寧赤足，手提布鞋走，怕泡壞。

婆婆媽媽和情人，一得空，把儲存的舊布、碎布一層一層地，用漿糊給糊在板子上，放到太陽底下曬，曬乾了，揭下來，剪成一個個布鞋的底兒，再把四五個鞋底兒縫到一起，厚厚的，然後細心包個邊兒，墊高後跟兒。

端詳這新布鞋，鞋底兒用針線一針一針縫好，密密麻麻，卻又整齊精細，針步大小一致，那麻線幾乎也組成了最後的底層。卻硬得無法行走自如，必磨損了皮。敲在桌上還發出沉重聲響。鞋底已一絲不苟，鞋面更加精工了。可惜不實用。

從前孩子上學、男人出門、上京赴試、喜慶生辰……或不為甚麼，早上醒來，枕畔便放了一份「禮物」。

——怎麼一點也不覺得硬？

是的，「愛」令它柔軟了。

只要有人肯等

遲到，有各種理由、解釋。

但長期遲到，則是對方的寬容，和縱容。

對方不高興，表示反感，你仍然遲到？他下回不等了，於是你也再沒有遲到的機會，甚至資格。

但他愛你，重視你，一個願打一個願捱。只要有人肯等，便會有人遲到，互為因果。

這與旁人無關，因為風露立中宵的不是你，或許你也享受不到那份盼望的苦楚，相見的快感。肯來亮相，一切都不介意。

通常，藝人不會準時。藝人遲到，fans們引頸翹望，癡癡地等。終於來了！

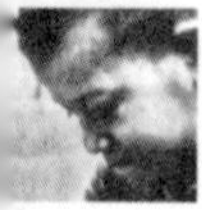

都忘記腰瘦腿累肚子餓，馬上進入瘋狂興奮狀態，尖叫大笑還哭起來，不知多開心。有時得知誰、誰、誰甚麼時候會到，早三五七天便排隊、露宿、接力……我們就是愛等！怎麼着？

明星與追星族之間的不正常關係，不能以「道德」衡量，也不屬於「專業」範疇。唱得不好、演技拙劣、形象有損、沒有進步、待人處事差勁、工作態度乞人憎……這些都是公眾人物受批評之處。饒是這樣，仍有人等。

宣傳遲到了？fans沒怨言，夠耐心，還強調等得再久也樂意呀。這就是「心甘命抵」。

扼殺腰胸的結

一直不明白，和服中背後那個小包袱，究竟有何作用？

藝伎裝身過程嚴謹、莊重，一絲不苟。名貴絢麗的華衣每超過百萬圓，從頭到腳，從裏到外，專人侍候，歷時甚久。色彩、圖案、配搭、品味，足可寫成一本厚書。

但，背後那個比書還厚的包袱，又有甚麼內涵？——裏頭是空的，這是一個結。

我喜歡查根究柢。才知原來源自中國，真想不到了。

西元六世紀後，日本文化藝術飲食服飾都受唐朝影響，國家強盛，人家飄洋過海來學習模仿。當時朝廷頒佈《天寶服裝令》，對各級文武官員及其眷屬所穿着的禮服、朝服規律嚴格。

平民百姓是不許繫衣帶的，它不僅是裝飾，也成了身份的象徵。質料手工十分講究，結法亦多姿多采。日本婦女仿唐式衣帶，初是前繫兩圈，後來用寬帶打蝴蝶結，垂紐帶。又演變成古式拱橋，腰際一個鼓狀的帶結（取名「御太鼓結」），非常好看，廣泛流傳。今天，這東西轉到她們的背後了，一點實用價值也沒有。

我們認為女性美在纖腰、細腰、小蠻腰。這個結，令女體僵硬挺直而累贅，把胸和腰扼殺。

美在哪兒？你說說看。

「飛奴」

政府為解決財赤，借公務員自願退休計劃瘦身。

第一輪補償金較吸引，稱「肥雞餐」。第二輪已縮水，所以是「乳鴿餐」。相對於私人機構的「青菜白飯餐」，有乳鴿已算不錯了吧——但免得過，誰願損失一份安穩工作？

如果不談這些傷心話題，論身價和地位，其實鴿比雞高些。挪亞方舟逃過洪水災劫，人和動物漂流，水退後見山峰，鴿是「探子」，當牠銜着一根青綠的橄欖枝飛回來報訊，大家便知世界恢復生機，和平的日子到了。可惜今天卻成為「每況愈下」的餐牌。

我喜歡的禽鳥雖然不是鴿（是鷹），但我尊敬牠馴良、識途。楚漢相爭和張

騫班超出使西域時，已利用過信鴿傳遞消息。唐時人稱「飛奴」。不過原來最早飼養鴿子的是埃及人，有七千多年歷史。

報上有七十八歲獨居大埔的李婆婆，養了一對白鴿作精神寄託的花邊。「仔仔」飛失了，被困十五米高的樹椏，勞動消防員升起雲梯救下來。焦慮的婆婆大喜，而雌鴿「女女」則不斷啄牠，似在責怪離家出走的男人。

鴿不但有情，也有人性。

最近見到上海博物館外人民大道上的鴿群，在零下五度寒風中，冷得縮起脖子不願動，很像你和我。但熬過了，還得上路。

午後讀村上的《午後》

村上春樹在《蘭格漢斯島的午後》中一篇寫：「所謂人生，或許只不過是鐘錶增加的過程罷了……」

在他廿歲出頭，剛結婚不久時，家裏沒有甚麼鐘錶。一來因為窮，另一方面是他們沒有那種程度的「需要」。天亮，肚子餓了的貓會吵醒。不用上班趕時間可再睡個回籠覺。街上到處有電子鐘，不會覺得有何不便。家裏沒有收音機、電視、電話，想知確切的時間，唯一辦法就是到五百公尺之外的香煙攤去買包hi-lite，順便瞄一眼掛鐘……

如今他的手錶啦時鐘啦音響計時器啦全部加起來共十六個。回想從前生活，簡直像假的一樣。

我們因不同的因由，循不同的途徑，得到很多鐘錶——但到手時沒有一個鐘錶的時間是相同的，它們各自行走、計算、顯示，像是無數不相干的空間。有快、有慢、有停。如此一來，「報時」並無意義，而且我們誰都不想成為「確切時間」的奴隸。嚮往悠閒，但不容易。

當我掀到他不斷尋找可供愉快閱讀的午後餐廳，以及忽地作《盥洗室裏的噩夢》時，真是會心微笑。

這本書如《夜之蜘蛛猴》般，亦由安西水丸插圖。由「時報出版」推出。多是舊稿，但舒服、雋永。

再侮辱一次？

不一定每宗非禮、胸襲、性侵犯案件，都可將被告繩之於法。綜合那些涉嫌案者辯詞都不外：——

（一）懷疑事主因精神病才屈他。

（二）又老又醜，見到也唔開胃，怎會搞她？

（三）被事主舉動驚嚇，才拔足飛奔。

（四）當時人太擠，是推擁才碰到她身體某些部位。

（五）我受高等教育，有高尚職業，家有美妻（或標致女友），又怎會吼其他人（豬扒）？

（六）我是基督／天主／佛教徒。

（七）吃了××藥的反應，迷糊中不知自己發生甚麼事？

（八）她發姣主動勾引……

主要目的是再侮辱事主，強調自己「無辜」。但試想，一個上學或下班途中的女子，與你素昧平生無怨無仇，原本擦肩而過，她奮勇追你九條街？還大喊「非禮」人人側目？

上庭陳述作證面對公眾，到底不是甚麼光榮，費時失事精神困擾。她們堅持，是不甘受辱，討回公道。

當然有些誣告證據不足……亦有「疑點利益歸於被告」，但「脫」罪不是「無」罪，有沒有做過當事人最清楚。千萬別仿效藝人大喊「還我清白！」「法律是公正的！」那樣，演一場違心的戲。

連賊的質素也日低

看港聞，愈來愈多搶劫、盜竊的案件，都是匪夷所思而且十分戇居：——

- 把阿婆扑得重傷搶走五十元。
- 持螺絲批企圖撬開一輛客貨車車窗偷竊，觸動防盜警鐘，因穿拖鞋跑不快被捕。
- 潛入熟食檔廚房，從雪櫃中取出雞髀雞翼還開鍋煮食。警員到場仍在「烹飪」，懵然不知。
- 由後巷爬牆入店內搜掠一番未有所獲，悵然離去時被正進行反罪惡巡邏的特遣隊警員（一整隊！）恭候多時。
- 搶小童一元。罪名成立。

●搶麵包／飯盒／小廟香油……

鋌而走險，也講求一點膽識、裝備、策略和要求吧。即使做賊，總不能窩囊至此。完全不入流，無勇無謀，小眉小眼，還學特區政府一樣，欺善怕惡。

這表示甚麼？

本城不但淪落，各界劣幣驅逐良幣。生活水平日降，連賊的質素也日低。賊的質素低，表示走投無路的人太多了。以前做賊總想吃大茶飯，如今人們在街上走着走着，好肚餓，就去做賊了。半途出家，毫不專業。博大霧。

——社會的危機是：風聲鶴唳，草木皆賊。

「早死早超生」

地產發展集團要求轄下員工須通過「國際英語水平測試制度」及普通話測試。在一個商業社會，老闆對下屬有要求，亦合情合理。適者生存，條件比人好些，升職機會也大些。

不過老闆表示：

「如果不行，即是他不適合公司文化，我們不如把他放生啦！」

這說法像一些男人撇女的分手宣言：

「你只是不適合我吧。我們分手，你在外面有更大的空間。不再拖泥帶水，妨礙了你。也就是放你一條生路！」

「放生」一說，有點反智的假慈悲。明明不要這個人，說得十分誠懇，處處為對方着想似地。只要你肯走，不恨我，我便吁一口氣。「不礙你發達」，簡直行善積德。

有議員認為，「放生」自圓其說，其實即是「放死」的藉口。

不管哪個說法，此地不留人，已無立足處，那話好不好聽，都不重要了。

「好，再見！」

他不愛你，勉強糾纏下去，委屈枯乾，日子過得不快。話不投機半句多，見面也是冤家。這個時候，人家不「放生」你，自己亦要伺機覓地「逃生」，另闖天下。此乃知己知彼。舊愛無情，主子怎會安排後路？

長痛短痛也是痛，早死晚死不外死——早死早超生。

惟有這樣。一切靠自己。

難道全是他罪過？

冒警、冒黑、騙財、騙色……全是男人的罪過嗎？

當然不。那些上當的女人自己也有責任。

甜言蜜語、用心聆聽、侍候周到、慰藉心靈……施展渾身解數，他給你當上，你明知是個陷阱，也奮不顧身？女人有錯：——

（一）心靈空虛，被男色所迷

（二）神志不清，眼光失準

（三）心軟，愛上他

歸納而言，是一個字：「蠢」。墮落愛河中的女人特別蠢。為了一點溫柔、熨貼、慇懃，便若即若離欲仙欲死？便借錢他創業？買樓買車？代他還債？不斷滿足需索？背叛本夫？——不愛他，五分鐘之內已知是騙局。但愛上他，一生都不省人事。

若告到官府，對方罪成，自己的愚情錯愛亦得一明證，無辯可辯。這號人必食髓知味。

有些受害者是寧願吞掉，埋藏，亦不承認對方高明自己笨。

台灣揭發一案，有藝人牽涉在內，慘被騙去二千萬台幣。他面對公眾，說我沒有被騙，我是「投資失利」。一切投資都有風險，中間沒有人迫你，是自願的，眼光不夠而已。

表現得平和，平淡，自己好過一點。

「柏木枕」的裂縫

人與枕頭，也講緣份和配合。

前一陣有人推介一些他們認為最舒適的枕頭，某一款我也用過，他覺得一覺酣眠但我睡醒好像被人打了一頓般渾身是疼。

不過大部份人喜歡的都是軟枕。硬枕有瓷枕、漆枕、籐枕、石枕、木枕……想起一個小說《柏木枕》。因奇怪枕頭入夢的故事不少，如《南柯一夢》、《黃粱一夢》、《邯鄲記》……等。《柏木枕》應是這類題材最早作品，因為它是六朝志怪小說中一篇。

焦湖廟中的廟祝有一個保存了三十多年的柏木枕，枕頭後面有一裂縫。縣中有一買賣人喚湯林，經廟祈福。廟祝問：「你還沒結婚吧？」廟祝叫他枕着，

身子靠近裂縫，他照做，一下子鑽進去了。見到朱紅大門，美玉裝飾的宮殿和歌臺，都比人間的好。謁見趙太尉，辦婚事，生了四男二女，還當了秘書郎，再升任黃門郎。高官厚祿，妻賢子孝，他完全沒有回到現實之念頭。過了好多好多年，終於不如意，才出來，見到原先的枕頭，知歷盡富貴榮華情愛，不過眨眼工夫。

幾乎所有故事以此作結。

我只有點懷疑，又舊又破又硬的枕頭，硬碰硬怎會舒服？如何令人睡得香睡得沉？還不願醒？

似乎忽略了人體生理結構和反應吧。

雌蟬和母獅

一個男人再怎麼窩囊，還是「一人做事一人當」吧。

有些不受管的老婆一見勢色不對，或是護夫情切，忙不迭跳出來，站到身邊（甚至身前），男人已經煩透了，女人還巴巴閉閉，郁身郁勢。也許她以為做點小事，管管零碎，幫腔助威，當眾流淚，大力支持……會加點分數——誰知這些動作，徒令男人更窩囊，更叫人瞧不起。

在動物成語中，有所謂「河東獅吼」，是冤枉了母獅。事實上，熱愛張嘴吼叫聲震四方的都是雄獅，雌的不知多安份守己。

還有，噪聒整個夏季的蟬，全是雄的，雌蟬根本不會叫。很多男人羡慕從不饒舌，也不會欺身出來搶他風頭的蟬太太。這才叫賢良淑德。

曾寫過關於「蠍子糖」的稿子。在人們的印象中，以為蠍子是「昆蟲」——不，牠是節肢「動物」，同蜘蛛有親戚關係。

蠍子、蜘蛛、螳螂、螞蟻、蜜蜂……等，都「女權高張」。興到交配，才把男人召來服務，有些還兇悍得一邊銷魂一邊吃掉對方半個身子。

人是「飽暖思淫慾」，牠們則「淫慾思飽暖」。若要當個威猛的女強人，就以這些極品為榜樣，有權勢，有能力，自信而且自立，決非妻憑夫貴借勢攘攘——牠們不需要。

「恕不迎送」紅紙條

「三陪」之中，「陪玩」是最不費勁的一項了。「陪酒」多傷身，「陪睡」更賣力氣。陪玩色笑娛賓酣歌熱舞遊山玩水，頂多有點強顏，但亦有人自己也覺好玩——都不知誰陪誰？

古今中外，商業社會娛樂圈，有權有勢爺們都愛找青春少艾陪玩，否則市面哪來那麼多素質低的小明星？不要緊，各盡所能，各取所需。若要下真工夫憑實力，太苦了。

從前上海老城隍廟內有九家評彈書場，盛極一時，很多藝人都是在此說紅了，才成為響檔的。

要吸引大批要求甚高的書迷，實不容易。書場都是老式茶館兼營。上午賣茶

下午說書。那時沒有擴音器，藝人要場內聽客人人投入，非有過硬工夫不可。書台約六七平方米，離地二尺多，一隻三級木扶梯，取「平昇三級」之意。有些說書先生欠身笑迎聽客光臨皆大歡喜；有些，在書台正中貼一張紅紙條：「恕不迎送」——他要留力賣藝。膽敢如此，當然真材實料，才寸得起。

連笑都不陪，還陪玩？

其實我很想「陪食」。食家試菜回去免不了在專欄中美言幾句，「陪」便無包袱。

可惜世上哪有免費午餐？——我要保留讚彈主權，就得掏腰包。自由有時亦頗貴，不過舒服，這是自己挑揀的。

狐狸毛和貓毛

看人用手柄吸塵掃，輕鬆地，任何凹凸縫隙的灰塵都可被毛茸茸之物捲走。當然不及清潔劑，清水濕布一抹，光亮照人，但也比甚麼雞毛掃科學化。

用雞毛掃（雞毛帚，或喚雞毛撣子）來掃塵？物質不滅，揚在空中，終於還是停留下來，它仍在，沒跑掉。

這種清潔方式好不落伍——原來宮中也沿用撣子的。皇帝變相日夕與灰塵共處，談不上衛生。

舉例：太和殿那鬃金漆雲龍紋寶座，雕工精細，鏤空透視，縫隙奇多。由明嘉靖年間至今，數百年來，都不沾水。

紫禁城是大型木造建築群，既怕火又怕水，濕氣重，寶座龍椅也易壞。他

們保養得小心翼翼，當然不會用廉宜但粗糙的雞毛撣子，從前使的狐狸毛，它極細、軟、柔，絕不傷害原物。後來，改用貓毛，更細、軟、柔，除了「撣」外，還可「吸」，把灰塵鎖住。

國家一級文物是這樣打理的，生怕任何驚擾，承受不了，立馬坍塌化塵，像個魔幻故事。

我們聽過「狸貓換太子」，想不到「狸貓做撣子」吧。

「至福之眠」

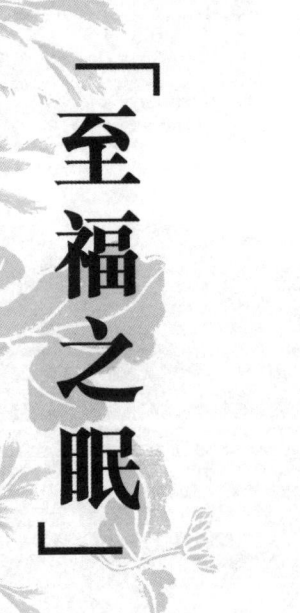

パワースリー

福の眠り

リープとは??

ースリープとは、"うたた寝" の事です。昼間の 10 分～ 20 分の
はとっても気持ち良いもので、夜の睡眠にも匹敵すると言われています。
ことで "副交感神経" が刺激され、脳からα波が大量に放出し、
スします!!ソフトタッチで心地良く、自然と眠りの中に・・・

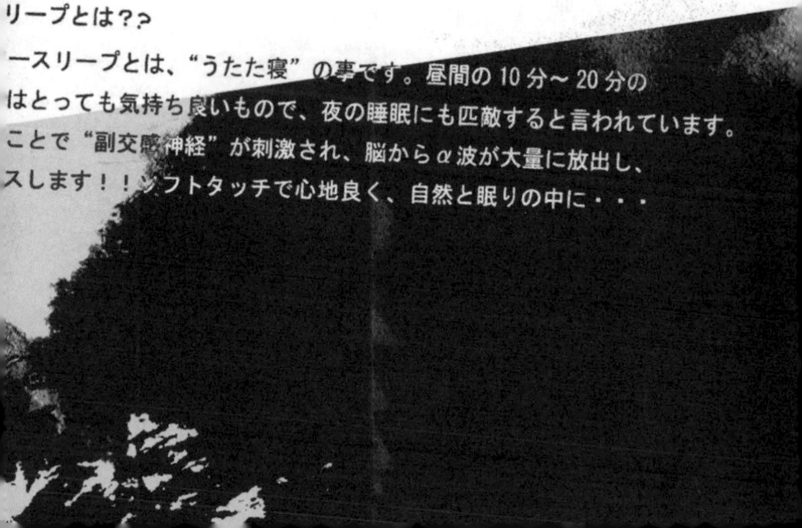

「至福の眠」

日本溫泉酒店按摩間外，掛了個新告示：

「至福の眠」

——甚麼算「最幸福」？就是不論時間長短，睡得深、沉、甜、無夢。如同胎兒在母親子宮中，完全沒有掛慮驚擾。

人世間這已絕無可能。只消離開母體，出生一刻開始已是悲劇，否則何以每個嬰兒都大哭？

尋覓至福一覺好睡？辦不到，只可以追求次等吧。這項按摩服務原來針對「耳穴」。耳朵那麼小，已在母腹中成形。它有無數反射區，刺激「副交感神經」，令腦波休息之餘自然充電，即使三十分鐘小休，也等於夜間一覺。因為飽滿的關係。

做耳朵各部位（或穴位）的按摩，當然舒服，如同母親的溫柔——很多小孩不肯睡，母親撫摸頭、臉，還有輕捏耳珠，很快，他就會打個呵欠。成年人對兒時一刹的懷念，帶點悲哀和甜蜜……當時，母親很年輕，你我哪有今日之苦惱憂疑複雜？只放心鬆弛入眠。

放心，才是至福。

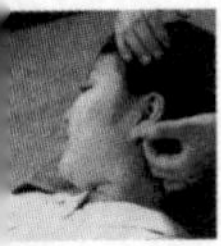

「拍馬屁」的起源

本人最無能為力之事，便是「拍馬屁」。說違心話，個人當然痛苦，且幹此勾當，不管多巧妙，多隱晦，多迂迴，旁觀者清輕易看穿。

阿諛奉承，主子瞧得起，安插個位置，或給你些好處，收穫與實力不相稱，昭然若揭。過了分寸，只覺肉麻——但一想，這也是求謀手段，必然是有吃這套的弄權上司，方有腼顏迎合的下屬。

一個巴掌拍不響，物以類聚。

追溯「拍馬屁」的起源，其實好簡單。蒙古人習慣，兩人牽馬相遇時，互相在對方馬屁股上一拍，說幾句讚賞對方養馬有方的寒暄，非為巴結。又，以前人騎馬，未跨上踏鐙，先拍馬屁股，一來讓牠有準備，免得驚跳；二來亦打個招呼。本意雙方都好：

「馬兒，我要騎你了，大家合作，請你別發脾氣呀。」

雙方無階級分野，亦沒尊卑、優劣、主奴……之別，中間不涉利益衝突，拍拍馬屁，就如講聲Hi。哪有今時今日所見之噁心？

也許我幸運，或者我不幸——完全不懂拍馬屁呢。

只覺做人，不卑不亢就最好。

甚麼人同甚麼人一起

你是甚麼人，就會同甚麼人走到一塊。

所謂「物以類聚」，是一種生物現象。也因質素接近，志趣相投，運程差不多，才有feel。上司與你冇feel，話不投機半句多，亦不能怪他不提升你重用你。同聲同氣才不必再費勁溝通。

姣婆當然與脂粉客一拍即合。她要勾引不識抬舉的武松或死腦筋的梁山伯，是否「有自唔在攞苦嚟辛」？而且每每白賠了電力，又沒好下場。

金童玉女才子佳人敢情好。半斤八兩旗鼓相當是美事。否則光棍會遇着冇皮柴，兎豬頭有盟鼻菩薩，鐵掃把不怕石地堂。人們誤會一朵鮮花插在牛糞上？焉知牛糞的營養最豐富。

「深謀」與「遠慮」為絕配，各得其所，各有千秋。

不同類的人別說走不到一塊，有時因磁場關係只擦肩而過，從無印象。或根本不想認識，對面亦不相逢，腦電波頻率互斥，不知多抗拒。

即使打開一份報紙，讀者「順便」看看專欄，有些你喜歡，有些略過就算。他寫得不好嗎？不，只是冇feel吧。

人與人之間，就那麼簡單。

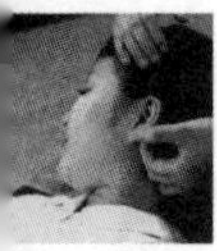

生命比不上一尺繩子

惠施是莊子的好朋友，口才好，方術多，他的書可以裝滿五輛馬車。惠施的道理雜而不純，言辭奇而不中，不過總是有好多古靈精怪的念頭，又愛用歪理同人辯論。

莊周自成一派。但惠施的賣弄也有趣。其中有一說法，是公孫龍與他辯論：「一尺之捶，日取其半，萬世不竭。」（《天下第三十三》）

比喻一尺的繩子，每天截取一半，永遠也取不完。

物質不滅，不管用甚麼來「量度」，永遠也有一半存在。即使肉眼不見，科技難量，你說是不是「無窮無盡」呢？廉宜又平凡，最卑微不起眼的繩子，竟然取之不竭，得享千秋萬世。

但，最寶貴的東西，卻是失去就失去，沒有就沒有。有時毀於一旦，有時灰飛煙滅（嚴格而言，「灰」和「煙」是永存的）。

例如：愛情、信用、聲譽、忠心、道義和骨氣。

還有生命。

惠施的友人們也愛玩笑：「卵有毛、雞三足、火不熱、矩不方……」。他比莊子早死。他死後，莊子說：「我再也找不到說話的人了！」自此，莊子的知己只是大自然，以及夢中的蝴蝶。非常寂寞。

生命比不上一尺繩子。

水耕之美景

喜歡綠色環境，種了好些花花草草，大部份是觀葉植物。我發覺，一個人運氣好，盆栽會青翠茂盛，繁衍迅速，不一陣已變成「小森林」。運氣欠佳，奇怪，連手指也帶毒似的，種甚麼枯甚麼。

也有人說，室內植物可以改運，因為它們是「生機」。

不管怎樣，草木令空氣清新，彷彿也把一切負因子過濾一下，為主人分憂。種久了，大家有感情，怎捨得拋棄？

它們亦有淚，你扔掉時，泥土特別濕。有回搬家，盆栽分作數份硬送給朋友。有種得比主人還好的，生娘不及養娘大。亦有接手後它鬱鬱寡歡，日漸凋零，好比人離鄉賤。新歡別向我匯報。

最近愛上水耕。又稱水栽——聽來似「水災」，不及前者簡明。

看到人家窗台上一列大小形狀形態不同的玻璃盆（瓶），兼盛了雨花石卵、玻璃彈珠、水晶、彩色水苔之類，但晶瑩剔透，除了所養植物枝葉纖巧細緻可觀外，連根也千姿百態：白色肉質根生命力旺盛，淺褐色鬚根又任性縱橫。上下皆好看。

我又弄了幾瓶玩玩。不免疑惑：「咦，為甚麼你的根比我的根漂亮？」——本末倒置，荒謬吧？

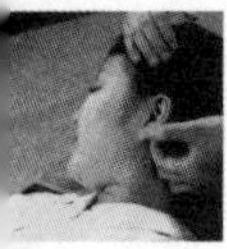

多出去走走

陪朋友去看病。醫生道：

「休息好了，也要多出去走走，曬曬太陽，出出汗。」

聽來好像是「心理」上的事。因為困在家中躺在床上，人會悶，到外面接觸多些人，多些色彩，大太陽下，藍天白雲紅花綠草，每日有新鮮事兒散心……人自開朗點。病也快好。

——原來，這也有醫學根據。是「生理」上的事。

人身體最重要的部位是心臟。那麼，僅次於心臟的是哪個？（一）腎臟？（二）肝臟？（三）下肢？（四）脾臟？（五）手指？

我們猜是（二）。原來正確答案是（三）。

下肢？

如果長期處於不能行走的狀態，身體就會急劇衰弱，垮下來，再也走不了。一個健康的人一旦受傷或抑鬱沮喪，臥床不起，不管是不能、不想、不肯……其他的病便「乘虛而入」——四肢運動可保持健康活力。

而且靜脈周圍肌肉收縮，幫助血脈由下往上回流。心臟壓出的血液通過動脈經毛細管進入靜脈，若腰腿活動不足，「回流」呼應慢，身體更差了。故下肢被稱「第二心臟」。

多出去走走，一定是好事。

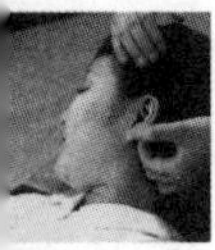

Handicap不是「傷殘」

閱報，見報道豪宅妒婦涉嫌殺夫，並用封箱膠紙和舊地氈裹成「木乃伊」藏於地庫的新聞。警方估計凶器是高爾夫球杆。

老實說，這真是殺傷力相當強的物件。且有不同尺碼質地款式重量，以供選擇。見人打一場波，私家Q便是他的身份象徵似的，既累贅，又負重，說是「運動」，卻交由侍從負責，球又是球僮去撿拾的。規矩多多，我一點興趣也沒有，不肯看完整的一場。

週刊曾有花邊，說前高官為甚麼要公開招聘一名「社交秘書」呢？因當時的公務員秘書幫他book高球場時，對方問：「有幾多handicap？」。秘書不懂，答曰：「他沒有傷殘。」弄出一個大笑話。

社交秘書不但常識手富，還得親信可靠。

handicap?——局外人真不懂，幸好幾位高球好手不嫌「膚淺」賜教：handicap 是「讓杆點」。一般職業比賽均四天四回合七十二洞，總杆數最少者為冠軍。

業餘球友與專家球技不同，差點便有高有低，比賽時必須有「讓杆」情況，才較公平。

鋪蓋和蓆子

洪水來了，城市自救，把水全引到農村去。

農田被淹，傾家蕩產。農民十分明白這是他們的「命」。擔足了心，汗和淚都流乾了。年年一劫。看安徽水災中，農民甚麼都失去——只抓緊一張蓆子不放，這是他們全部的「家當」了。

看着這些畫面，覺得很悲哀。但在他們臉上，悲哀沉澱到一個不知名的地方，心靈的最深處。他們緊抓着那張看來並不值錢亦不珍貴的破蓆子。這是「安全感」嗎？

中國人一直重視這個。

打工的人失去工作，叫「捲鋪蓋」。算了，東家不打打西家，但那安身立命的

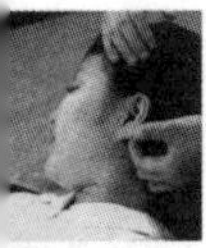

鋪蓋得隨身帶走至天涯。「鋪蓋卷兒」指鋪的、蓋的，床單被褥之類打成的行李，收拾「細軟」也是指這一扛上肩便可上路的身家性命財產吧。

不管到哪裏落腳、謀生，這有着自己體味、體溫、未完的夢、待實現的理想，這讓自己在離鄉別井不眠之夜，得到一點親情溫暖和懷念的鋪蓋，令你平靜地享受它無聲的庇護。

至於那張蓆子，當然是準備在「任何地方」將就着鋪好躺下又一天——還有，迷信的中國人，一旦活不了，總不能曝在人前，蓆子一捲，便是他堅持着最後的一個歸宿。

「十年大運」

關於「十年大運」，玄之又玄。而且又各有說法。

某日見人狠批藝人運程，其中有的竟是一生中十年大運已過——因為成名早，十三歲至二十三歲便是運氣的高峰了。吓？若真如此，二十四歲開始豈非走的下坡路？再努力也上不了位？命中注定？有一位亦被批為剛過去的兩年已是十年大運尾聲，但亦不會一下子衰落，只要繼續做，還是有得忙碌的。名利場中，誰想「做」？重要是「享」。

所謂「運」：事半功倍，順水推舟，富貴迫人，躲也躲不掉。三分顏色上大紅是「旺」，一分耕耘一分收穫不過「勞碌命」。

又有一種說法，每個人的命運每隔十年便「輪迴」一次：由盛至衰，又否極

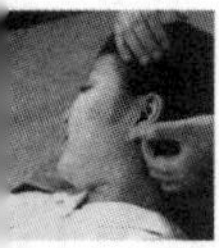

泰來。

頭一二年起，漸到高峰，之後歸於平淡，或淪落至負數。不要緊，日子過去，運氣重新凝聚，往上推動。只要你仍在奮鬥，便明白這興衰起跌似無常又有序。

不管怎樣，人不會紅到底，也不會黑到底——非常特殊的人物才如此極端。

比起來，當然是「幾個十年」好過「一個十年」。因為有賭未為輸，且你永遠希望那最好的還未到。

即使到了，過了，你也不願相信。

沉迷舊片

有些日子，不管新聞抑或娛樂節目，帶政治性都硬銷又重複。得空，正是幹掉囤積影碟好時光。其實有線電影台亦有意外驚喜，可看到李翰祥的《金玉良緣紅樓夢》（林青霞演賈寶玉）、《火燒圓明園》和《火龍》。

《圓明園》中劉曉慶風華正茂。梁家輝的咸豐帝，演技尚嫩但台型十足。八三年首位導演進軍大陸實景拍攝，紫禁城紅牆金瓦氣勢懾人。

《火龍》是八六年作品，抒寫溥儀這亡國之君非常公民之後半生，手法一變，返璞歸真細膩動人。

以前無線亞視會播映粵語陳片，久違了。反而在有線得見。

看完了一齣《斷橋產子》，演員表已吸引。白蛇：于素秋、小青：蕭芳芳、許仙：麥炳榮、法海：梁醒波、仕林：阮兆輝、鶴童：陳寶珠——此戲是刀馬旦本色；北派（于占元師傅班底）大打出手，青白二蛇造型漂亮功架精彩，幕後代唱不錯。畫面和特技較粗陋。但產子沒以公仔代替，找來一個凸肚臍真BB，以示文曲星托世。

某日凌晨五時，竟見《張愛蘭巧破黑手黨》——我這戲迷也從沒聽過，丁瑩主演。張愛蘭又非名人，相當怪雞。

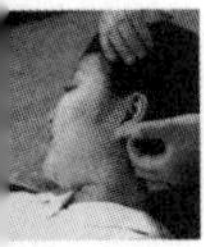

「端坐陪笑，點頭稱是」

不同的場合，一樣的畫面：——

（一）「港姐領獎」：

偶看電視，原來世上仍有如此趣緻的節目。應屆港姐們雖面目模糊，但已聲價十倍，她們得一一拜訪贊助機構，領取巨型支票道具獎金，和挨上去跟獎品合照。每到一處，皆有些表情生硬聲線平板的「茂利」和阿姨，出來大賣告白。港姐作狀訪問，他們又作狀解答。一眾二十出頭，猶如處女下海的艷妝女郎，「端坐陪笑，點頭稱是」。

（二）「港人朝聖」：

新聞節目亦甚趣緻。不知如何，北大人月來降格，甚麼人也給予接待。一團一團北上的代表，雖面目模糊，但身軟骨頭輕，喜形於色，高人一等，自我感覺良好。有機會同權貴握手合照，勝過獎金獎品多矣。面對鏡頭到底是一場show，談話內容都很皮毛，他們的表情姿態，亦不外「端坐陪笑，點頭稱是」。

甲之熊掌，乙之砒霜。

有人說，這兩項指定動作，毫無難度，但所獲甚豐。亦有人不肯委屈，強顏為歡。

「是、是、是！」——一字千斤，如何出口？

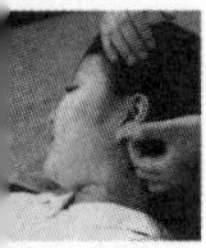

ＯＫ啦

一雙藝人情侶拍拖九年後分手，人問情變是否感到可惜？她答：

「ＯＫ啦，ＯＫ可惜啦。」

——不很明白。究竟是ＯＫ？抑或可惜？

但現代詞彙中，使用得最多又百感交集的，是「ＯＫ」二字——不，它不算字，只是具形容作用的音節而已。

「勉強ＯＫ啣。」

「ＯＫ啦。」

「算ＯＫ㗎。」

「幾ＯＫ喋。」

「好ＯＫ嚤。」

「非常之ＯＫ！」

你問任何一位青少年：

「××味道如何？××與你甚麼關係？××算好人嗎？明天天氣怎麼樣？零用錢夠不夠？××價錢貴不貴？心情平復了？考試有幾成把握？究竟有沒有希望？睡得香嗎？你愛他嗎？……」

任何問題，都可挑選不同程度的「ＯＫ」來回答。這個「ＯＫ」真是萬能插蘇，適應能力極強，內涵無限放諸四海皆準……大家認為新一代言語貧乏？沒甚麼表情達意形容人物事的資源和詞彙？——原來，除了「超低能」、「勁好笑」、「燿爆」之外，「ＯＫ」是一個百變皇牌。

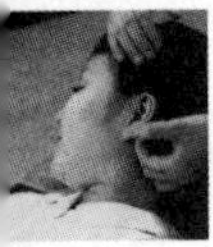

「痛苦費」更貴

（一）你一生也掙不到的巨款。

（二）快樂。

怎麼選？

藝術工作者，不必陪老細，只靠才能爭取正當名利。美國一位四十一歲的華裔女小提琴家，兩年前在佛羅里達州遭衝紅燈的汽車撞倒，左肩受傷，之後一直手指麻木手臂無力，跟美國大樂團合作的美夢被逼粉碎。她提出索償，官司纏訟。

辯方律師只允上限十八萬九千美元賠償金，理由是「音樂界競爭激烈，她不能保證一直成功下去」。結果她獲償五百萬美元（約四千萬港元）。看看那些項目，發覺賠償失去的工資和醫藥費，是一百五十萬，但「痛苦費」加「折騰費」，高達三百五十萬。

由此可見，無形的傷害很難衡量。出身音樂世家，六歲起便在中國研習小提琴的女子，她從某天開始，水準下降，淪為二三線，失去樂趣，美夢驚醒，一生都要承受苦楚，即使身體早已復元，藝術卻帶傷疤——「痛苦」和「折騰」的代價比起工資，更貴。

勝訴的她哭了。根本不想要吧。

若果可以。你會選四千萬？抑或前景未卜可成可敗但自由自主地拉小提琴的手？

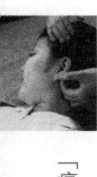

西瓜刨也「撻朵」

某晚深宵看粵語陳片，竟然聽到蠱惑仔常說的「撻朵」。原來「撻朵」是個歷史名詞，並非現代行走江湖用語。

那戲喚《金較剪》，當然是一犀利武器，即是攤開手板向天發射白影一閃便所向披靡。使用者乃武藝高強劫富濟貧的大俠，奸官聞之喪膽，百姓敬若神明。

主角雖有曹達華、于素秋、蕭芳芳，皆獨當一面，但因老闆娘是余麗珍，「金較剪」非她莫屬。人人假冒英名，連西瓜刨，也首度脱去小二裝披上俠士袍來冒充。當被識破，他又回復傻戇口吃：「我見……金較剪個朵……咁響，咪撻……佢朵囉！」

聽了一時間不知身在何年何月？

當時的「朵」，是甚麼意思？一朵花，一朵雲，是量詞。「朵頤」滿足食慾。同音字「垛」，其實較貼近，它是「累積而成之土堆」，那麼應與「埋堆」、「同一陣線、同一字頭、同屬一黨」有關。

「撻」非得用力運勁造成聲響。「撻朵」目的，不外狐假虎威，臉上貼金，逢凶化吉，得到好處。西瓜刨撻「金較剪」之朵，顯然政治正確，伶俐聰明。

跟紅頂白是有好處的。

「做舊」的新Boots

即使到了深秋，天仍不算涼，市面上的Boots早已上場。

潮流是長長短短各種款式質地的靴——當然，一對好的勝過十對次貨。貴的穿在腳上，「自我感覺良好」。耐用是其次，重要是每踏出一步，自己漂亮點開心點，昂視闊步，值回票價。

皮分軟硬，漆皮光，麖皮啞。延伸過膝的靴，先決條件是一雙修長玉腿，而不是鈔票。

一回見普普通通的主人普普通通的腿，再有型的靴，她承受不起。是靴穿人，不是人穿靴。

有些靴，故意「做舊」。

做舊是一種藝術加工。例如擦色、裂紋、磨皮。好好一雙出廠新靴，非要把它弄得滄桑，把新澀去掉，把工整送走。

對付名牌貴貨的手段，是「不當一回事」，才臻至高境界。

有甚麼了不起？我穿得很隨便，不在乎它破損殘舊——因為在人家還沒開始的時候，我已經習以為常。而且，舒服才是目的。

一切皮貨，有點「歲月痕跡」，方閃出含蓄的光輝，散發你早已把它征服的魅力。

太新了，太小心翼翼，顯得鄉氣，戰兢，不慣。所以「做舊」是人為的瀟灑。

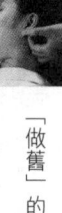

艾蒿蒸

利用煎藥時充滿藥香的水蒸汽蒸臉是「順便」，如果「專誠」去做，就是煞有介事的Spa。

這在中國已有千年歷史。從前的藥浴、足浴，把藥材放在開水中趁熱浸泡，通過皮膚毛細孔、黏膜、呼吸之間、身體竅洞……滲透，發揮療效。

本來放置一些乾爽藥材和茶葉等的藥枕也同樣原理，不過一個人睡着了，不設防，會無抵抗力，不知不覺發生甚麼事。夢入黑甜，不魄散也魂離，所以比較危險。

韓國著名的「汗蒸幕」，也有五百年歷史了，它是殘酷桑拿，大家不但置身在一土窟磚屋之類的古老洞穴中，還用麻袋甚至毛氈圍着，讓燃燒松木的高溫和芳香乾蒸狂流汗。

也有披斗篷濕蒸，便是馬桶狀的中藥塔，坐在透氣木椅上進行蒸汽浴。當然女性專用。躲進斗篷內連臉也受惠。

老闆娘姓朴，懂中國話，她道：

「我們以艾為主，有四份不同的漢方藥材配合，分別治療手足冰冷、減輕煩惱壓力、改善新陳代謝溫經暖宮、美肌。」

——又喚「艾蒿蒸」，艾草香，有調理功效。

我們吃的日式草餅，便加入綠色艾草汁。艾灸亦中醫常用。

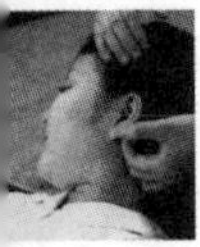

夕紅葉

若干日子前，日本楓葉還不夠紅。

是全球暖化，令它錯誤地眷戀着殘夏的溫度？一直沒狠下心來，步入深秋？

其實，楓葉尚未紅透，也是一種景致。滿山的葉，有綠、青、黃、橘、紅各色，深深淺淺漸變。一些依依回首，一些卻頭也不回，就此決絕化作赤魂。

紅葉精緻淒艷，在於如女手的葉子，指爪尖銳，回天乏力，最紅最紅的時候，漫山潑了一桶血。也震撼，也醉人。

京都始終保留一份古色古香的優雅。寺院、神社、河川、山林，四季皆良辰美景。

我們特別喜歡賞楓。嵐山、嵯峨野、保津川、清水寺、八坂神社……你知

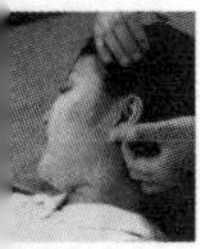

道嗎？賞楓有時序，品楓有名堂：——初紅葉、薄紅葉、夕紅葉、紅葉山、紅葉川。乘搭木筏當然逍遙，而高台寺及清水寺，春有夜櫻秋有夜楓，月下燈影中，更神秘冶艷。

如果你有時間，不要錯過這種女鬼似的幽玄之美。

銀杏凋萎喚「黃落」，楓葉飄零曰「紅散」。

黃落了，紅散了，美盡了，天冷了，冬天就叩門了。是日過了，命亦隨滅了。

〇七去了，〇八來了。

就這樣成了「明星」

據馮小剛說，他導演的《集結號》開拍前，找了好多演員試戲。因為投資大，都想用明星，考慮到票房問題。

那一次又一次為男一號配戲試戲，台詞都唸得麻木了的，是原定的男二號。試試試，都沒選中。

男二號心裏也鬱悶，只差沒說出口：

「為什麼不試試我？我也能演呀。」

他名不見經傳，一直是個配音員，在幕後聲演過不少角色，也配男主角。就是在電影中，最多不過是有一點點戲的無名群眾演員——他很愛演，一點點戲也掌握好。希望出人頭地。

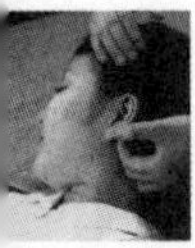

不過正如馮所言，演員都是被動的，不管多大的明星，都不能「選擇」，而是「被選擇」。其實任何人，也不過被命運之神選擇吧。並非你渴求，一定得到；你拒絕，可以擺脫。

冥冥中總有聲音：這個？那個？這個配那個？

戲試多了，老闆和導演忽地省得，怎麼沒想過旁邊這個人？後來，決定起用為男一號。事前完全不知道，沒先兆，無心理準備。

他的名字喚張涵予。演谷子地。電影在〇八年初放映後，很出彩，大受讚賞，他就成「明星」了。

機緣過了，錢買不起

一項調查顯示，本港富裕一族十大必遊的地方，分別是埃及、巴黎、北京、西藏、希臘、倫敦、南非、巴西、馬爾代夫及南極。

上述地方大部份到過——而世上有更多地方我們沒到過，有生之年，地球亦去不盡。千萬不要等「富裕」才去。

富有富的享受，但窮也有窮的樂趣。

十大必遊首選埃及，我十分贊同。世界文明古國之一，秋冬去，春天去，四季如夏。黃土灰塵烈日當空，但古都風情、法魯王後裔的狡笑和媚眼、中東小吃、詭秘神廟、湍急的尼羅河，還有，金字塔（！），親歷其境才有得着。走在高溫熱沙上半溶的拖鞋、小酒店一覺醒來滿床棕黃色的蟻、餡料豐富悲歡離合的

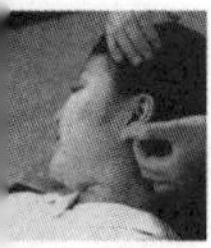

烙餅、天天講價黑市兌換……幹這些勾當的旅人是貧窮一族，如此艱辛、奔波、曲折離奇的旅程，所需條件並非很有錢，而是青春、好奇、健康、衝勁，以及禍福與共的朋友。

年輕時沒有名貴照相機也難高攀五星級酒店，但靠充沛體力和意志上山下鄉捱世界。到你富裕之日，不是動不了，總覺欠了一團火——跑地方，必須有「火」。

窮着去吧。要知道：「機緣過了，錢買不起。」

www.cosmosbooks.com.hk

書　　名　歡喜就好
作　　者　李碧華
出　　版　天地圖書有限公司
香港皇后大道東109-115號
智群商業中心十三字樓（總寫字樓）
電話：25283671　傳真：28652609
香港灣仔莊士敦道三十號地庫/ 一樓（門市部）
電話：28650708　傳真：28611541
九龍彌敦道九十六號（加連威老道口）（門市部）
電話：23678699　傳真：23671812
印　　刷　亨泰印刷有限公司
柴灣利眾街德景工業大廈十字樓
電話：28963687　傳真：25581902
發　　行　香港聯合書刊物流有限公司
香港新界大埔汀麗路36號中華商務印刷大廈3字樓
電話：2150 2100　傳真：2407 3062
台灣經銷商　貿騰發賣股份有限公司
台北縣中和市中正路880號14樓
電話：(02)8227-5988　傳真：(02)8277-5999
初版日期　二OO八年二月
再版日期　二OO八年二月

李碧華作品

- 青紅皂白（散文）
- 胭脂扣（小說）
- 色相（一零八個女人）
- 青蛇（小說）
- 戲弄（散文）
- 鏡花（散文）
- 糾纏（小說）
- 生死橋（小說）
- 幽會（散文）
- 白髮（散文）
- 潘金蓮之前世今生（小說）
- 秦俑（小說）
- 綠腰（散文）
- 个体戶（散文）
- 天安門舊魄新魂（小說）
- 滿洲國妖艷——川島芳子（小說）
- 不但而且只有（散文）
- 江湖（散文）
- 變卦（散文）
- 霸王別姬新版本（小說）
- 南泉斬貓（散文）
- 好男人不過是一瓶好的驅風油（長短句）
- 恨也需要動用感情（長短句）
- 中國男人（散文）
- 水袖（散文）
- 誘僧（小說）
- 草書（散文）
- 潑墨（散文）
- 泡沫紅茶（散文）
- 蝴蝶十大罪狀（散文）
- 基情十一刀（散文）
- 吃貓的男人（小說）
- 聰明丸（長短句）
- 咳出一隻高跟鞋（散文）
- 630電車之旅（最後紀錄）
- 吃眼睛的女人（小說）
- 八十八夜（散文）
- 荔枝債（小說）
- 流星雨解毒片（小說）
- 給拉麵加一片檸檬（飲食檔案）
- 有點火（散文）
- 逆插桃花（小說）
- 女巫詞典
- 藍狐別心軟（散文）
- 橘子不要哭（散文）
- 煙花三月（紀實小說）
- 水雲散髮（飲食檔案）
- 夢之浮橋（散文）
- 礦泉水新版本（散文）
- 凌遲（小說）
- 真假美人湯（散文）
- 牡丹蜘蛛麵（飲食檔案）
- 赤狐花貓眼（小說）
- 涼風秋月夜（散文）
- 櫻桃青衣（小說）
- 如痴如醉（散文）
- 把帶血刀子包起來（散文）
- 鴉片粉圓（散文）
- 還是情願痛（散文）
- 紅袍蠍子糖（飲食檔案）
- 人盡可呼（散文）
- 新歡（小說）
- 風流花吹雪（散文）
- 餃子（小說）
- 紅耳墜（散文）
- 黑眼線（散文）
- 最後一塊菊花糕（小說）
- 蟹殼黃的痣（飲食檔案）
- 焚風一把青（飲食檔案）
- 女巫法律詞典
- 緣份透支（散文）
- 季節限定（散文）
- 給母親的短束（博客留言結集）
- 紫禁城的女鬼（小說）
- 七滴甜水（散文）
- 一夜浮花（散文）
- 生命是個面紙盒（散文）
- 西門慶快餐（飲食檔案）
- 青黛（散文）
- 枕妖（小說）
- 歡喜就好（散文）

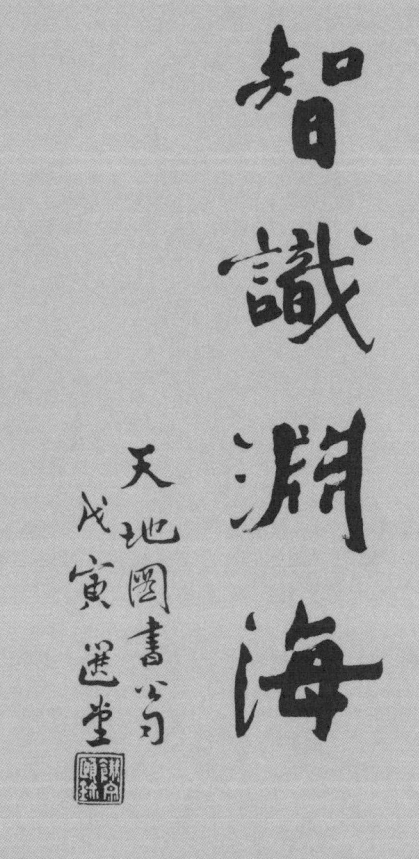